**Javier Melloni, Teresa Guardans,
Mónica Cavallé, Pablo d'Ors, Vicente Merlo,
Dokushô Villalba, Halil Bárcena,
Raimon Arola, Oriol Texidor,
Blanca de la Vega, Jaime R. Pombo**

La experiencia contemplativa

En la mística, la filosofía y el arte

Edición a cargo de
Olga Fajardo

editorial Kairós

Numancia 117-121, 08029 Barcelona, España
www.editorialkairos.com

Fotocomposición: Grafime. Mallorca, 1. 08014 Barcelona
Diseño cubierta: Katrien Van Steen
Impresión y encuadernación: Índice. Fluvià, 81-87. 08019 Barcelona

Primera edición: Febrero 2017
ISBN: 978-84-9988-545-2
Depósito legal: B 622-2017

Sumario

El auténtico interés por la realidad, por el existir,
por los demás, no es aquel que busca algo para sí mismo,
para satisfacer las propias necesidades. Al contrario,
cuando se han dejado entre paréntesis las demandas es
cuando puede darse (producirse, cultivar…) la experiencia
ética, estética o religiosa. Las experiencias valiosas son
experiencias de gratuidad; no nacen de la lucha por unas
ganancias, del tipo que sean. Las impulsa el valor
de la realidad misma por sí misma…

SIMONE WEIL

Agradecimientos

Si tiene este libro entre sus manos es gracias a la labor y la generosidad de infinidad de personas y situaciones concatenadas entre sí, cuyo origen no podría concretar en el tiempo ni el espacio. Luego, si me pregunto de dónde nace este libro –del mismo modo que me interrogo sobre el aliento–, no hallo más respuesta que la constatación de la propia experiencia de la existencia.

Agradezco a Agustín Pániker la confianza depositada al exponerle el proyecto, y a todo el equipo de la editorial Kairós que ha permitido su edición bajo un acompañamiento amable y discreto.

Especial agradecimiento a cada una de las personas que han colaborado con aportaciones escritas; gracias por la generosidad y por la calidez humana mostrada a lo largo de todo el proceso. Ha sido un viaje enriquecedor y en buena compañía.

Gracias a Xavier Perarnau, quien ha propuesto, asistido y alentado desde la intuición y la cómplice intimidad.

Y gracias al Centre d'Art i Natura de Farrera, que acogió en su entorno privilegiado parte de la elaboración de este libro.

Introducción

En el siglo XXI no son pocas las cuestiones que habitan en aquellas personas que –con un genuino interés en la complejidad y el devenir de la condición humana– nos preguntamos, sin atisbo alguno de sentimentalismo nostálgico, qué estamos realmente dejando atrás y qué hemos, sencillamente, olvidado por el camino.

Quizás, una de las paradojas de nuestra contemporaneidad estribe en que –a pesar o gracias a las condiciones limitantes para el cultivo de la sabiduría–, la evocación de ciertas palabras, como silencio, presencia, ser, contemplación, misterio, iluminación, meditación, mantra, oración, unión, revelación... resuena cada vez en más personas como un buen puerto al que arribar. Incluso ignorando su significado original, su sentido, hay palabras que apelan a una dimensión de nuestro ser –acaso lejana, aunque no olvidada– que nos despierta a una intimidad y a un anhelo cosmológico. Hay palabras que todavía son música al oído.

En la actualidad, asistimos a un verdadero auge de un supuesto interés por «lo espiritual», pero ¿podemos alcanzar a comprender y aprehender la dimensión espiritual del ser humano? Hallaríamos diferentes respuestas a dicha pregunta según desde qué mirada la abordáramos, pues es sabido que el lenguaje mismo limita y condiciona toda respuesta, a la vez que es vía de acceso a dicha dimensión; mas la pregunta nos sirve en la medida que nos interpela y nos abre a una posibilidad siempre abierta, infinita. Deduzco, pues, que es imposible valorar hacia dónde nos lleva el actual fenómeno social en torno a la espiritualidad. Y, tal vez, bajo sus capas más ruidosas y superficiales, exista también una genuina intuición de lo sagrado que pugna por reemerger en medio del sinsentido existencial; pero toda especulación sobre el porvenir sería un reduccionismo, como mínimo, insensato.

Cuando nos referimos a la experiencia contemplativa, nos referimos a la experiencia de unicidad; a la experiencia mística de la que también forman parte ciertas experiencias estéticas. Se trata de una vivencia que puede darse de forma fortuita, es decir, no buscada, o bien puede cultivarse siguiendo unas pautas basadas en el estudio y la práctica de ciertas enseñanzas, pues su capacidad transformadora y reveladora vendrá dada, en buena medida, por nuestra toma de conciencia de ellas. Las condiciones pautadas que surgen de las fuentes de sabiduría posibilitan el acceso a estas otras dimensiones del Ser mediante las vías, los caminos, los ejercicios espirituales y las enseñanzas sapienciales. Beber de las fuentes originales nos ayuda, no solo a integrar dichas experiencias, sino a enraizarlas y, así, enraizarnos en el devenir de la humanidad; dotando, en el mejor de los casos, de sentido y compromiso la existencia y todo lo existente.

Podría ser que, al rechazar ciertas estructuras acaso insanas, hayamos dejado de mirar adónde apuntaban y de dónde emergían, renunciando con ello al patrimonio del cultivo de lo humano entre los humanos: la transmisión del legado profundo de lo lingüístico, simbólico, místico, artístico... No debe extrañarnos, pues, que muchas personas estén –en estos tiempos– resignificando sus vidas a través de dichas enseñanzas, retomando antiguas sendas desde cierta madurez personal. Valga decir que dichas prácticas no nos harán «más espirituales», pero pueden ayudarnos a tomar mayor conciencia de la dimensión espiritual de la existencia, potenciar ciertas facultades sutiles y profundizar en ellas, pueden acompañarnos en esa infinita transición hacia formas de vida más atentas y amables, más presentes y comprometidas, más alegres y serenas, más humanas... En resumen: más contemplativas.

Dicha necesidad de «enraizar» a través del legado inmaterial de la humanidad me acercó a diversas tradiciones espirituales y sapienciales, de modo que fue dibujándose en mí un vasto, aunque impreciso, compendio de saberes y prácticas provenientes de la mística, la filosofía y el arte; tríada que bajo mi mirada se tornó indisociable. Desde ese punto de vista, la necesidad de discernir y precisar y la voluntad de compartir, nació la motivación para elaborar este libro. Pedí entonces la colaboración de diversas personas –expertas en la práctica y el estudio del tema que abordarían– para que contribuyeran, mediante sus aportaciones en un libro colectivo, a acercarnos a una visión esclarecedora y pedagógica. El resultado es una obra que combina amablemente el rigor con la proximidad, un libro generoso también en citas y bibliografía a partir de las cuales podemos continuar profundizando. Cada autor aborda el tema de la contemplación desde un prisma diferente aportando los matices oportunos. Cada capítulo emana por sí mismo su propia fragancia y así debemos apreciarla, cada uno tiene su propia completitud, y todos ellos convocan a una misma esencialidad, entrelazándose los unos con los otros de forma orgánica sin haber condicionado a priori que así fuera. El conjunto conforma un pequeño mosaico, una breve muestra de dicho legado, que lejos de ser un anclaje o un peso –en la medida que podamos profundizar en él integrándolo en el quehacer cotidiano–, será un canto a una libertad renovada, un vuelo infinito en sí mismo, una puerta al asombro.

Confío en que hallen, en las siguientes páginas, espacios de reflexión íntima y de aprehensión de conceptos que puedan ayudarles a elaborar una comprensión rigurosa, liberadora y saludable de la dimensión contemplativa del ser humano.

Por todo lo expuesto, opto por dejar esta introducción en una discreta invitación a la lectura atenta, dejándose absorber e inspirar, saboreando ese posible retorno a la riqueza de la diversidad y multiplicidad de lenguajes que manan de la Fuente; pues los caminos de interioridad hacia el gozo requieren también de cierta madurez pausada, a ratos solitaria, y sin duda, agradecida.

La dimensión contemplativa del ser humano

Vías de acceso

Javier Melloni (Barcelona, 1962), jesuita, licenciado en Antropología Cultural y doctorado en Teología. Especializado en mística comparada y diálogo interreligioso. Es profesor en la Facultad de Teología de Cataluña, miembro de Cristianisme i Justícia, así como del consejo académico del Master en Espiritualidad Transcultural (Universidad Ramon Llull). También es asesor de la colección «Sagrats i Clàssics» de Fragmenta Editorial.

Autor y coautor de diversos libros entre los que cabe destacar: *Dios sin Dios* (coautor con José Cobo) (Fragmenta, 2015), *Sed de Ser* (Herder, 2013), *El Cristo interior* (Herder, 2012), *Hacia un tiempo de síntesis* (Fragmenta, 2011), *El deseo esencial* (Sal Terrae, 2009), *Vislumbres de lo Real. Religiones y revelación* (Herder, 2007), *El Uno en lo múltiple. Aproximación a la diversidad y unidad de las religiones* (Sal Terrae, 2003), *La mistagogía de los Ejercicios Espirituales de San Ignacio* (Sal Terrae, 2001) y *Los caminos del corazón. Una aproximación a la Filocalia* (Sal Terrae, 1995).

Los seres humanos somos criaturas de necesidades pero también de gratuidades, seres en proceso pero llamados a completud. Acuciados por el instinto de supervivencia, también somos seres extáticos, capaces de inmensidades. Si bien necesitamos palpar las cosas concretas y tangibles, cuando nos dejamos absorber por Aquello que late tras ellas, sucede «eso» que llamamos contemplación. El término proviene del latín *cum-templus*, «hallarse junto o ante el templo», es decir, participar de lo que se da en un espacio teofánico. A su vez, templo proviene del griego *témenos*, «lugar de manifestación de lo divino». Por tanto, la contemplación remite a aquella actividad-estado que tiene que ver con la apertura a la manifestación de lo sagrado. Y si proseguimos con la etimología de las palabras, sagrado proviene de la raíz indoeuropea *sak*, que significa «conferir realidad». Así, la contemplación tiene que ver con la apertura y el contacto con lo Real, es decir, con Lo-Único-Necesario.

Si bien el marco con el que mayormente se identifica la contemplación es el religioso, también la hallamos en otros ámbitos: en la absorción de un niño ante un hormiguero, en la belleza sobrecogedora ante la naturaleza, en la fruición de una obra de arte –ya sea plástica o musical–, en la relación amorosa, en la mirada de una madre ante su hijo pequeño, en ciertos momentos de la indagación científica y de la reflexión filosófica. Porque contemplar es ver, ver sin mirar, sin intención ni tensión alguna. También hay momentos de contemplación en el juego y en el deporte, así como en las artes marciales.[1] Incluso parece que algunos animales tienen esta capacidad. El zoólogo Adriaan Kortlandt fue testigo de la siguiente escena:

> «Era la hora de una puesta de sol en un bosque tropical africano, con el consiguiente resplandor de esos atardeceres. Un chimpancé entró en escena llevando una papaya, sujetándola contra el lomo con una mano mientras caminaba. Era su tentempié para la noche. El chimpancé bajó la papaya y durante quince minutos enteros permaneció como hechizado por el espectáculo de colores cambiantes del atardecer. Los observó sin moverse. Luego se retiró silenciosamente a los matorrales olvidando su papaya».[2]

Este episodio expresa muy bien lo que decía al comienzo: la contemplación trasciende el reino de la necesidad. El impacto de la puesta de sol sobre el chimpancé es mayor que su interés por la papaya, hasta el punto de que llega a olvidarla. Con todo, en el campo de la contemplación conviene distinguir grados y calidades, porque no a todo lo podemos llamar igual. No hay que confundir, por ejemplo, concentración con contemplación. La concentración consiste en una absorción de la atención sobre un objeto externo o interno, pero aún se trata de una relación parcial, únicamente mental, que no toma a la totalidad de la persona ni la abre del mismo modo. En la contemplación se da una ampliación de la consciencia, donde lo contemplado, el contemplador y el acto de contemplar se hacen uno.

Desde otra perspectiva, podemos considerarla bajo tres aspectos: como un momento puntual que brota espontáneamente; como una práctica, situada en un tiempo y en un espacio, centrada en la atención a una imagen o palabra tratando de que no haya ninguna actividad mental, y como un estado en el que se vive abierto a la profundidad de todo y en conexión con el todo. Sobre las prácticas de contemplación y sobre el estado contemplativo hablaremos a lo largo de todo el capítulo. Por lo que se refiere a la contemplación espontánea, he aquí unas sorprendentes palabras de Franz Kafka:

> «No hace falta que salgas de la habitación. Quédate sentado a la mesa y escucha. Ni siquiera escuches, simplemente espera. Ni siquiera esperes. Quédate en silencio, en quietud y en solitario. El mundo se ofrecerá libremente a ti. Será desenmascarado, no tiene elección. Se desplegará en éxtasis a tus pies».[3]

Algo semejante evoca este poema de Rainer Maria Rilke:

> «Mira esta nube: cómo oculta impetuosamente
> la estrella que ahora mismo estaba –como yo–
> al otro lado de las montañas, y ahora en la noche
> lleva los vientos nocturnos –como me lleva a mí–,
> y toma del hondo río el reflejo
> de ese claro cielo, desgarrado –como a mí mismo–;
> hacer de mí, y de todo esto,
> una sola cosa, Señor: de mí y del sentimiento
> con que el rebaño, guarecido en el redil,
> acepta, jadeando, el oscuro no ser del mundo;

de mí y de la luz de tantas casas en la oscuridad,
hacer, Señor, una sola cosa; de los extraños, Señor,
a lo que no conozco, y de mí, de mí,
hacer una sola cosa [...]».[4]

Aquí la contemplación se entrelaza con la oración en un impulso de unión que convoca a la totalidad: «Hacer de todo esto una sola cosa». Lo que distingue el texto de Kafka del de Rilke es que en el primero no hay ninguna referencia a un Tú mientras que en el segundo sí. En cualquier caso, sea ante un Tú explicitado o sin él, sea buscada o espontánea, el contacto con el absoluto (*ab-solus*, «lo no determinado», «lo no constreñido por nada») es constitutivo del ser humano y está presente en todas las culturas. En su seno han surgido las más diversas tradiciones religiosas y espirituales en pos de este Rastro-Rostro.

Aclaración de términos

Antes de proseguir conviene hacer aún diversas aclaraciones. En primer lugar hay que distinguir tres palabras cercanas: oración, meditación y contemplación. Con frecuencia se utilizan como sinónimas y, sin embargo, tienen un campo semántico muy específico.

La oración es un acto interno de recogimiento que se dirige a un Tú trascendente. Oración proviene de *oror*, «pronunciar con los labios», es decir, se refiere al acto de dirigirse al Ser divino con la espera de ser escuchado. La oración es constitutivamente relacional y extática porque lo saca a uno de sí mismo hacia el Otro, lo descentra hacia una Alteridad radical.

La meditación, en cambio, recorre el camino inverso: es de carácter enstático (*en-stasis*, «ir hacia adentro»). Se trata de una interiorización sin un tú. Meditación proviene de *mederein*, «tomar medidas», «tener cuidado de algo». De aquí proviene también la palabra «medicina». La medicina cuida del cuerpo mientras la meditación cuida del alma.

La contemplación sería el estado avanzado que encontramos en las dos vías anteriores, siendo la oración una actividad propia del corazón y la meditación una actividad que atañe a la mente. Lo que convierte a ambas en contemplación es la cesación de sus respectivas actividades, de modo que se entra en un estado «pasivo»; hecho de apertura y receptividad donde solo hay Presencia (en la oración) y claridad (en la meditación).

Otra aclaración nos es requerida: lo que en Occidente se llama contemplación, en Oriente se llama meditación.[5] Tanto en la contemplación occidental como en la meditación oriental lo que sucede es una detención del flujo mental. Así es la meditación zen (*zazen*, «sentarse en abismamiento») y la meditación yoga (*dhyana*). Ambas van precedidas por la concentración, que sería el elemento activo previo al estado «pasivo» de la contemplación. En los *Yoga-Sutra*, Patañjali describe la meditación como «una comprensión fusible que reintegra la consciencia de un modo más progresivo» (III, 2), de modo que «la conciencia que persevera, abarca desde lo más pequeño hasta lo más grande» (I, 40). Este «abarcar» vasto y fluido nos sitúa plenamente en el marco de lo que en Occidente identificamos como contemplación. Por el contrario, cuando en Occidente se habla de meditación nos estamos refiriendo a la reflexión de una idea o de un texto, donde la mente está en plena actividad. El uso frecuente de ambos términos en contextos diferentes es lo que puede crear confusión.

Las tres vías

Son muchos los caminos, las modalidades y mediaciones que propician la contemplación. En un intento de aclarar –aunque también con el riesgo de simplificar– podemos identificar tres grandes vías que se corresponden con los tres centros del ser humano: el cuerpo, el corazón y la mente. El cuerpo, a través de los sentidos, abre la vía de la percepción; el corazón abre la vía de la devoción, del afecto o del amor; y la mente, relacionada con la conciencia, abre la vía de la indagación y del conocimiento. Las tres corrientes están de alguna manera en todas las tradiciones, pero podemos decir que el ejercicio de la percepción es más característico del budismo y el taoísmo; el camino del amor es más propio del cristianismo, aunque también está presente en las vías afectivas-devocionales del sufismo, del judaísmo (el hasidismo), el hinduismo *bhakti* y más minoritariamente en el budismo a través de la corriente de la Tierra

Pura. Por lo que se refiere a la vía de la mente-consciencia es más propia del hinduismo (presente en la corriente *jñana* y en el Vedanta), así como en ciertas corrientes del budismo como el Zen Rinzai, y también en las vías gnósticas del sufismo, de la Cábala judía y del cristianismo esencialista (Evagrio Póntico, Maestro Eckhart, Nicolás de Cusa, etc.).

George Gurdjieff (1866-1949) introdujo el Cuarto Camino como una propuesta de integrar estas tres vías. La primera la consideraba el camino del faquir, la segunda, del santo, y la tercera, del yogui. Con su propuesta trataba de integrar los tres recorridos a partir de un punto más elevado o de una anterioridad que precede a los tres centros de atención: el recuerdo de sí, esto es, un estado de autopresencia y de autoconciencia llamado a ser permanente y que tiene que ver con un modo de contemplación.[6] Se trata de un «ver» integral que conecta con la fuente de todo lo que es, una plena consciencia donde nada es excluido gracias a un estado de atención total que permite sentir la plenitud de la Presencia a partir de la autopresencia.

En las tradiciones aborígenes, estas tres vías no están diferenciadas. La contemplación tiene un carácter más extático y suele estar relacionada con los ritos de iniciación, con determinados lugares (llamados en algunos pueblos «lugares de poder») y con rigurosas condiciones corporales; también es frecuente la ingesta de substancias enteógenas. Entre los nativos norteamericanos, se da gran importancia a la «búsqueda de la visión», donde el iniciado recibe un conocimiento que lo acompañará toda la vida. Entre los aymaras de la cordillera andina es frecuente que los hombres y mujeres sabias se retiren un tiempo para «llenarse de luz».

Retomando los tres accesos mencionados, lo más significativo es que parten de los elementos que nos constituyen como humanos (cuerpo, corazón y mente) para trascenderlos y para trascendernos. La contemplación es el «otro» lado de cada instante, el umbral siempre abierto que está allá mismo donde nos hallamos y al que accedemos por los mismos medios que disponemos en nuestro ser y hacer cotidianos. La posibilidad de completud está al alcance de nosotros en cada momento a través de nuestra propia existencia. En nuestra constitución física y psíquica como seres humanos tenemos las puertas de acceso a la fuente de la que mana nuestro ser. Veamos a continuación cada uno de estos tres accesos con más detenimiento.

La vía de la percepción

La percepción es la conciencia del cuerpo, la captación de la realidad a través de los sentidos. Ver, oír, palpar, oler y gustar pertenecen al reino de la supervivencia, pero también son vías de trascendencia cuando cada uno de los sentidos sobrepasa la dualidad sujeto-objeto. La contemplación acontece cuando la persona deja de estar a la defensiva o a la ofensiva frente a un objeto o a otro sujeto y se abre plenamente en actitud admirativa y de ofrenda. Ya no hay otredad sino mismidad.

La vía perceptiva comienza por un soporte muy sencillo, pero cuya atención es muy escurridiza: la respiración. Se ha de retornar continuamente a ella porque ancla en el presente. Solo podemos respirar el aire de cada «ahora». Ello permite una percepción interna y externa de uno mismo porque sucede dentro y fuera del cuerpo. Existen múltiples métodos para mantener la atención en la respiración: contarlas, hacer pausas en las retenciones, etcétera. Lo que convierte la atención y la concentración en contemplación es experimentar el flujo de vida que se produce en el acto de respirar. Uno ya no respira, sino que es respirado, se ha convertido en respiración.

La siguiente pauta de atención se dirige a la postura.[7] El cuerpo es el soporte primordial de la meditación. El propio cuerpo es la postura. Se trata de lograr la alineación correcta de la columna vertebral, eje que nos ancla en la tierra a través de la fuerza de gravedad, a la vez que nos eleva; así puede venir la relajación y a continuación la elasticidad, la cual tiene que ver con la aceptación. Todo ello indica que la quietud en la posición no es inmovilidad y menos aún rigidez. Estos tres elementos (alineación, relajación y elasticidad) no atañen solo a la meditación, sino que son reflejo de nuestro modo de estar en el mundo y de nuestro modo de ser. La atención postural es tan importante que se ha llegado a decir que el Buda alcanzó la iluminación porque encontró la postura adecuada.

A continuación se da una bifurcación de acentos. Unas corrientes se centran en la atención a las sensaciones internas, tanto fisiológicas como emocionales: la captación de la piel, órganos, miembros, así como los movimientos emotivos adyacentes o subyacentes, etcétera. Tal es el caso del *vipassana*. La pautación de la meditación consiste en hacer un recorrido de consciencia que va desde la punta de la cabeza hasta los pies, y desde los pies hasta la punta de la cabeza. Las percepciones se tornan cada vez más sutiles hasta que se da el estado contemplativo (*samadhi*), en el que se trasciende la sensación de estar en un cuerpo compuesto por órganos diferenciados y separado del entorno, para percibirlo como un flujo de energía y un campo unificado sin distinción entre lo exterior y lo interior, formando parte de una totalidad omniabarcante. El cuerpo se convierte en el cauce en el que se experimenta la corriente de la vida.

La otra línea de la bifurcación busca el vacío de la mente para alcanzar un estado de receptividad que incluye la captación del entorno, como es el caso del zen. La conciencia se convierte en un sensor que registra todas las sensaciones: el caminar, el roce del viento, la escucha del agua o el trinar de los pájaros, el gesto de servir una taza de té, la palabra que es dicha y la palabra que es pronunciada, etcétera. Por el vacío de la mente se llega al estado de la existencia pura, «la conciencia total e impecable de lo que está sucediendo».[8]

Tanto en la escucha de las sensaciones internas como externas, la herramienta básica es *mindfulness*, la «atención plena», un término que se ha consagrado en los últimos años y que, aunque se exprese en inglés, tiene procedencia budista: *sati* en pali y *smirti* en sánscrito.[9] Una de las personas que más ha colaborado a su difusión ha sido el doctor norteamericano Jon Kabat-Zinn al aplicar la meditación en los tratamientos a sus pacientes de estrés.[10] Actualmente, el término y la práctica de *mindfulness* forman parte del patrimonio de la aldea global y son accesibles a los practicantes de cualquier tradición. El peligro de esta difusión en nuestra sociedad de consumo es que acabe convirtiéndose en un consumo más, que entretenga en lugar de transformar. La contemplación, en tanto es teofánica (o nirvánica), no está al servicio del ego, sino que lo pone radicalmente en cuestión. Escribe Thich Nhat Hanh, monje vietnamita contemporáneo que ha integrado diversas corrientes del budismo creando una nueva orden llamada *interser*:

> «La atención plena es la energía de la atención. Es la capacidad que hay en cada uno de nosotros de estar presentes al ciento por ciento ante lo que está ocurriendo en nuestro interior y a nuestro alrededor. Es el milagro que nos permite llegar a estar plenamente vivos en todo momento. Es la base esencial para curarnos y transformarnos a nosotros mismos y nuestro entorno».[11]

La atención plena no se restringe al tiempo de la meditación. Se extiende a todas las horas del día y a todo el ámbito de la vida. Prosigue Thich Nhat Hanh:

> «Cortar leña es una meditación. Llevar cubos de agua es una meditación. Sé plenamente consciente las veinticuatro horas del día y no sólo durante la hora que te dedicas a meditar formalmente, a leer un texto sagrado y a recitar oraciones. Ejecuta cada acto con plena atención. Cada uno de ellos es un rito, una ceremonia. Acercarte la taza de té a los labios es un rito. La palabra "rito" ¿te parece dema-

siado solemne? Yo la utilizo para que comprendas que la plena conciencia es cuestión de vida o muerte».[12]

Tras la aparente banalidad de ejercitarse en la percepción de las pequeñas cosas se oculta algo mucho más profundo:

> «Si no sois capaces de percibir el mundo fenoménico con la suficiente profundidad, será muy difícil o imposible percibir el mundo nouménico, la base del ser. Pero si sabéis que el aire fresco está ahí, si podéis percibirlo profundamente y gozar de él, tendréis la oportunidad de percibir su base. Es como la ola percibiendo el agua. Vuestro propio cuerpo contiene el nirvana. Vuestros ojos, nariz, lengua, cuerpo y mente contienen el nirvana. Si los observáis profundamente, podéis percibir la base de vuestro ser. Si creéis que sólo podéis percibir a Dios abandonando todo lo de este mundo, dudo que lo consigáis. Si buscáis el nirvana rechazando todo cuanto os rodea, en concreto la forma, las sensaciones, las percepciones, las formaciones mentales y la conciencia, no podréis percibir el nirvana de ningún modo. Si elimináis las olas, no habrá agua alguna que percibir. ¿Es posible percibir el nirvana? La realidad es que vosotros sois el nirvana. Está a vuestro alcance las veinticuatro horas del día. Es como la ola y el agua. No debéis buscarlo en ninguna otra parte ni en el futuro, porque vosotros sois el nirvana. Él es la base de vuestro ser».[13]

Difícilmente se podrían encontrar palabras más diáfanas. La vía de la percepción accede, pues, a la contemplación mediante la «perforación» de la realidad. Esta transparentación se realiza sosteniendo la atención a todo lo que nos rodea de un modo no utilitario, sino rindiéndonos y haciéndonos plenamente presentes. El cuerpo solo vive en el presente. Es la mente la que recuerda o la que se anticipa. Por ello, la contemplación solo se da en el presente; y tal presenciación es vehiculada por el humilde «ahora» perceptivo de los sentidos y por la atención sostenida a la respiración, sin pretender agarrar nada, sino soltándolo todo y soltándose del todo para que así se revele el «otro lado» de las cosas.

La vía del corazón

Si bien la percepción se abre a la totalidad como un todo indiferenciado, la corriente afectiva se dirige hacia la trascendencia como el Tú supremo de donde brota el propio yo, el totalmente Otro del que proviene la propia identidad. Tal es la experiencia contemplativa que brota de la tradición bíblica, tanto judía como cristiana, así como en el islam y en las corrientes afectivas de todas las tradiciones. Es bien conocida la definición que da Teresa de Ávila sobre la oración: «No es otra cosa oración, a mi parecer, sino tratar de amistad, estado muchas veces tratando a solas, con quien sabemos nos ama».[14] Dios deviene deseo inaplazable, locura y éxtasis de amor, porque solo ese amor es digno de amarse. Perdiéndose en él, devuelve paradójicamente a uno mismo. Así lo expresaba Juan de la Cruz:

«¡Oh cristalina fuente,
si en esos tus semblantes plateados,
formases de repente
los ojos deseados,
que tengo en mis entrañas dibujados!
¡Apártalos, amado,
que voy de vuelo!».[15]

La *via amoris* avanza a través de la contemplación de un rostro (plasmado exteriormente o recreado interiormente) o por medio de unas palabras (externas o internas). La cuestión del soporte es muy importante: palabras e imágenes sirven como escala, las cuales son captadas a un nivel cada vez más profundo. Lo que convierte la oración en contemplación es la desaparición del soporte y la unión que se alcanza entre el orante y Dios. Mientras el soporte predomina, no podemos hablar todavía de contemplación.

En la tradición monástica cristiana se concibe una ascensión en cuatro tiempos: *lectio*, *meditatio*, *oratio* y *contemplatio*. La *lectio* se refiere a la lectura de la Palabra de Dios, en una actitud de receptividad que se extiende a acoger cada cosa, persona o evento como una teofanía. La *meditatio* se corresponde con el rumiaje del contenido de esa palabra. Ignacio de Loyola, en sus *Ejercicios espirituales*, describe muy bien lo que comporta la meditación: «No el mucho saber harta y satisface el alma sino sentir y gustar interiormente de las cosas».[16] En sus Ejercicios, san Ignacio da mucha importancia al papel de la imaginación. La mayoría de los tiempos de oración que proponen consisten en imaginarse interiormente los diferentes pasajes de la vida de Jesús «como si presente me hallase» (EE 47). A través de este marco imaginativo se produce una presenciación de Cristo, al cual se pide «conocimiento interno para más amarle y seguirle» (EE 104). A continuación viene la *oratio*, el diálogo afectivo con Dios, donde la persona aboca todo su potencial de amor, de entrega y de deseo de unión. Es entonces cuando se está en el umbral de la contemplación, donde las palabras van cesando y la imaginación también, porque ambas alcanzan el término al que tendían: la consumación de la unión. Anthony de Mello establecía la siguiente escala de la oración:

> «Primero, yo hablo y Tú escuchas.
> Luego, yo escucho y Tú hablas.
> Después ninguno habla y los dos escuchamos.
> Finalmente, nadie habla, nadie escucha. Sólo hay Silencio».[17]

La transición entre el tercer y cuarto estadio supone un cambio cualitativo. Nos adentra en el silencio de la unión, lo cual nos esclarece sobre otra distinción importante: la vía positiva o «katafática» (lo que puede ser dicho o expresado) y la vía negativa o «apofática» (lo que está más allá de toda expresión). En la primera, la contemplación se sostiene a través de imágenes, palabras, sentimientos o ideas, mientras que en la vía apofática todo ello se considera una distracción o un impedimento, tal como es propuesto por autores tan significativos como Maestro Eckhart o Juan de la Cruz. Dice este último:

«Para venir a lo que no gustas,
has de ir por donde no gustas;
para venir a lo que no sabes,
has de ir por donde no sabes;
para venir a lo que no posees,
has de ir por donde no posees;
para venir a lo que no eres,
has de ir por donde no eres».[18]

Esta sustracción de soportes comporta un mínimo de contenidos para un máximo de Presencia. En el corazón de esa Presencia, sucede lo que expresa Maestro Eckhart:

> «En esta Potencia, Dios se halla dentro, floreciendo y reverdeciendo con toda su deidad, y en esa misma Potencia engendra a su Hijo unigénito [...]. Esa Potencia está libre de todo nombre y desnuda de toda forma, totalmente vacía y libre, como vacío y libre es Dios en sí mismo. Es tan completamente una y simple como uno y simple es Dios, de manera que no se puede mirar en su interior».[19]

Quien ha llegado a percibir y vivir esto es que ha alcanzado el estado de la no-dualidad, donde el contemplante y lo contemplado se han convertido en una sola realidad. Así mismo lo expresa Patañjali en unos de sus aforismos sobre el Yoga: «Gracias a la entrega del yo al ideal de la suprema individualidad, adquirimos la comprensión de ese ideal (*samadhi*)» (I, 45). También en el hinduismo se distinguen dos tipos de *samadhis* (absorciones): con soporte (*samprajnata-samadhi*) y sin soporte (*nirvitarka-samadhi*). En el primero, la meditación está ligada a una determinada forma, mientras que en el segundo se ha trascendido todo contorno. Esta distinción se corresponde a la que se atribuye al Ser Último, el cual se diferencia entre *Brahman saguna*, «con atributos», es decir, cognoscible para el ser humano, y *Brahman nirguna*, «sin atributos», o «más allá de todo atributo». Es decir, se produce el conocimiento de Dios por participación, lo cual nos acerca a la siguiente vía. Adentrados en lo más profundo, en la séptima morada de santa Teresa o en la cima del Monte Carmelo de Juan de la Cruz, Dios ya no necesita ni puede ser nombrado, porque nombrarlo implicaría separación. Silenciarse comporta entrar en ese fondo, libre y vacío, donde todo es uno. Escribe Maestro Eckhart:

> «Separad de Dios todo cuanto lo está vistiendo y tomadlo desnudo en el vestuario donde se halla desvelado y desarropado en sí mismo. Entonces permaneceréis en él».[20]

En definitiva, lo propio de la *via amoris* es que la contemplación se alcanza por medio de la entrega en un impulso extático que lleva a la unión, «amada en el Amado transformada» como dice san Juan de la Cruz al final de su *Cántico espiritual*, inspirado en el Cantar de los Cantares de la tradición hebrea y bíblica.

La vía cognitiva

Si en la vía afectiva se avanza por medio de la entrega y de la rendición, en la vía cognitiva o indagativa se progresa a través de la pregunta: ¿Quién soy yo? ¿Quién es el yo que piensa, ve o siente? Este cuestionamiento, que al comienzo es una interrogación mental, se convierte en el resorte para la detención de la mente. Consuelo Martín expresa con claridad lo que significa detener el flujo del pensamiento: «Cuando la verdad se contempla, se es la Verdad y ahí comienza todo».[21] En este silenciamiento se «ve», y este «ver» es el que abre al campo de la conciencia no-dual donde el yo separado se va percibiendo en el Yo Supremo del que emanan todos los yoes individuales. Lo propio de la vía meditativa-indagativa es llegar al verdadero discernimiento: captar que no hay dos realidades (yo-tú, sujeto-objeto, Dios-mundo), sino una única Realidad: el Sí mismo del que todo es manifestación. Se parte de la conciencia del yo individual, el cual se va percibiendo progresivamente que es independiente del cuerpo y de la mente, e inseparable de la Conciencia universal. Uno se convierte en testigo de su propio estado.

La corriente que tal vez haya llegado más lejos en este camino es la Advaita Vedanta de la tradición hindú. Así lo expresa una *upanishad*:

> «Es necesario que el sabio haga penetrar la palabra en la mente, la mente en el intelecto, el intelecto en el Espíritu del universo y el Espíritu del universo en el Espíritu de la paz» [*Katha Up* 3].

En el *Pratyabhijnahridayan*, uno de los textos esenciales del shivaísmo de Cachemira, se dice: «La conciencia universal crea este universo en libertad total».[22] No se trata de una afirmación o constatación mental, sino de un estado de claridad en el que toda autorreferencia ha sido soltada y solo queda la evidencia de Lo-que-es. El sí mismo (*atman*) personal es el mismo que el Sí mismo universal (*Paratman*). Ramana Maharshi (1880-1950), uno de los mayores exponentes de esta corriente, dice: «No hay ningún todo aparte de Dios para que él lo penetre. Sólo él es».[23] Es decir, no es que Dios esté en todo, sino que Dios es todo. Solo Dios es. Lo que es no es sino Dios. Llegar a captar esto con la totalidad del propio ser es la meta de la vía indagativa de la consciencia. Prosigue Ramana:

> «¿Cuál es la verdad que enseñan las Escrituras cuando proclaman: "Ver el Ser es ver lo divino"? ¿Cómo puede uno ver el Ser? Dado que uno mismo es lo único que existe, ¿cómo es posible ver lo divino? Solamente puede realizarse convirtiéndose en presa suya».

Este dejarse tomar, esta total rendición de la mente es la que se alcanza cuando el yo no cesa de indagar lo que se esconde tras su pequeño yo. Cuando esto es descubierto, cuando se «ve» esto, es porque ya no hay separación entre Dios y uno mismo. Se comprende que el yo que cree existir separado es un espejismo que condena a vivir a la defensiva y a la ofensiva. Cuando el yo-cuerpo y el yo-mente comprenden que no son sino el Yo total (el Sí mismo, la Ultimidad, *Brahman*, etcétera, los nombres son infinitos), entonces se alcanza la dicha suprema (*ananda*). De nuevo Ramana:

> «La muerte de la mente sumergida en el Océano de la Autoconciencia es el eterno Silencio. El "Yo" real es el Supremo Espacio del Corazón que es el gran Océano de Felicidad».[24]

La luz de la mente, en lugar de verterse hacia afuera, regresa a su fuente. Entonces descubre que la luz con la que ve no es sino participación de la única Luz que todo lo ve:

> «La Divinidad presta luz a la mente y brilla en su interior. ¿Cómo es posible conocerla a través de la mente sino tornándola hacia el interior y fijándola en la Divinidad?».[25]

Al mantener fija la atención en esta única dirección, se produce la visión. Ramana hablaba del corazón como del lugar interno donde se produce tal claridad:

> «El indescriptible Corazón es el espejo en el que el universo entero aparece. Sólo la Consciencia Única, el Espacio de mero Ser, es lo Primordial y Supremo, el Silente pleno. El Corazón, a Fuente, es el comienzo, el medio y el fin de todo. El Corazón, el Supremo vacío, no es nunca una forma. Él es la Luz de la Verdad».

El corazón no es el órgano de la afectividad, sino el centro del ser, la morada del Ser en nuestro ser:

> «Tu mente no puede conocer al Ser, que es la perfecta experiencia indivisa y el Uno sin segundo. Sólo lo puede conocer el Corazón, libre del pensamiento y que es el Ser mismo».[26]

Recapitulaciones

Como hemos tratado de mostrar, cada una de las vías se basta a sí misma para alcanzar el fin de la contemplación, que nos es otro que abismarse en la plenitud del Ser. Esta plenitud se identifica y se nombra en cada vía con términos diferentes, según la tradición religiosa que subyazga, pues cada camino está basado en un modo de comprender la realidad última. Es más, la práctica misma de cada vía condiciona el modo de comprenderla y de vincularse con ella.

Existe una sentencia latina que dice: *Lex orandi, lex credendi,* esto es, el modo de orar –o de contemplar– condiciona el modo de creer. Quien tenga experiencia en este campo constatará que así es. En la vía perceptiva del budismo, el fondo de lo real se percibe vacío y suelto; en la vía devocional-afectiva de las religiones teístas, aparece como el Tú absoluto, mientras que en la vía indagativa del hinduismo se percibe como la Conciencia subyacente a todo. Podemos ilustrarlo recurriendo a la célebre metáfora de la ola y el mar. Si bien las tres vías comparten que el fruto último de la experiencia contemplativa es la identificación de la ola con el mar, cada una lo expresa de un modo diferente:

- En la vía perceptiva, tanto la ola como el mar se revelan como un único flujo permanentemente cambiante de formas en el océano de la vacuidad.

- En la vía relacional-devocional, la ola exclama ante la inmensidad azul que se abre ante ella: «¡Oh, Tú!». Es el éxtasis del amor, la *via amoris*.

- En la vía indagativa de la conciencia, la ola se sabe agua de ese Mar, y este saber es el sabor de toda plenitud.

Expresado con palabras de Nisargadatta, otro maestro contemporáneo de la no-dualidad: «El amor dice: "Yo soy todo"; la sabiduría dice: "Yo no soy nada". Entre ambos fluye mi vida».[27] Habría que añadir lo que diría la percepción: «El cuerpo exclama: yo soy este flujo».

Cabe hacer una última consideración: estas tres vías se han presentado separadas y distinguiéndolas unas de otras con una intención pedagógica, pero también es cierto que se hallan mucho más integradas y que en los estadios avanzados no se puede distinguir dónde acaba una y comienza la otra.

Sea como sea, a través de la contemplación el ser humano se eleva por encima del reino de la necesidad, de la competitividad y de la depredación para introducirse en un modo de existencia donde se vive inmerso en el Ser, con la consciencia de que existir no es una conquista, sino el don permanente que subyace a todo lo que es. Sostenerse en este don y vivir desde él es hacia donde aspira todo camino contemplativo y todo aspirante a la contemplación. Siendo un don, es también una necesidad para cada generación.

Notas

1. La diferencia entre la mera lucha competitiva y las técnicas orientales de arte marcial es que en las primeras se acentúa la dualidad, mientras que en las segundas ha desaparecido el combatiente y el combatido y solo existe el movimiento y el gesto preciso.
2. Citado en: Kowalsky, Gary. *El alma de los animales*. Arkano Books, Madrid, 2008, págs. 147 y 148.
3. «Consideraciones acerca del pecado, el sufrimiento, la esperanza y el camino verdadero», en: Franz Kafka, *Aforismos, visiones y sueños*. Librodot, pág. 14.
4. «Trilogía Española I», en: Antonio Pau, *Rilke*, Trotta, Madrid, 2007, pág. 247.
5. Como ilustración de lo que decimos, véase el notable libro de Dürckheim, Karlfried Graf. *Meditar. Por qué y cómo*, Mensajero, Bilbao, 1989. El mayor valor de esta obra es que, además de dar muchas pautas para la meditación, plantea la meditación como vía iniciática, es decir, como búsqueda de la unidad con el Ser esencial.
6. Cf. Ouspensky, P. D. *Fragmentos de una enseñanza desconocida*. Gaia, Madrid, 2012; Salzmann, Jeanne de. *La realidad del Ser*. Gaia, Madrid, 2011.
7. Sobre la importancia de la atención postural: Johnson, Will. *La postura de la meditación*. Herder, Barcelona, 2009. Dentro de la tradición zen, la obra de Sekida, Katsuki. *Zazen*. Kairós, Barcelona, 1991, págs. 38-47.
8. Dhiravamsa. *La vía del no apego*. La liebre de Marzo, Madrid, 2010, pág. 41.
9. El texto clásico por excelencia es el *Satipatthana Sutta*, «Sutras sobre el fundamento de la atención».
10. Me remito a tres de sus obras más relevantes: *Vivir con plenitud las crisis: Cómo utilizar la sabiduría del cuerpo y de la mente para afrontar el estrés, el dolor y la enfermedad*. Kairós, Barcelona, 2007; *La práctica de la atención plena*. Kairós, Barcelona, 2007; *Mindfulness en la vida cotidiana: Cómo descubrir las claves de la atención plena/Donde quiera que vayas, ahí estás*. Paidós Ibérica, Barcelona, 2009.
11. Thich Nhat Hanh. *El arte del poder*. Oniro, Barcelona, 2008, págs. 66 y 67.

12. Thich Nhat Hanh. *El milagro del mindfulness*. Oniro, Madrid, pág. 40.
13. Thich Nhat Hanh. *Volviendo a casa*. Oniro, Madrid, págs. 22-24.
14. Teresa de Jesús. *Libro de la Vida*, 8,5.
15. Juan de la Cruz. *Cántico espiritual*, vv. 51-57.
16. Loyola, Ignacio de. *Ejercicios espirituales* 2. Sal Terrae, Santander, 2014.
17. Mello, Anthony de. *La oración de la Rana*. Sal Terrae, Santander, 2002.
18. Juan de la Cruz. *Subida al Monte Carmelo*.
19. Maestro Eckhart. *El fruto de la nada*. Siruela, Madrid, 1999, pág. 45.
20. Maestro Eckhart. *Tratados y sermones*. Edhasa, Barcelona, 1983, sermón 40, pág. 590.
21. Martín, Consuelo. *Contemplar lo eterno*. Gaia, Madrid, 2012, pág. 33.
22. Citado por Muktananda, Swami. *Medita*. Fundación Syda, Nueva York, 1980, pág. 23.
23. Maharshi, Ramana. *Conversaciones con Sri Ramana Maharshi*. Sanz y Torres, Madrid, 2006, pág. 308.
24. Maharshi, Ramana. *Guru Vachaka Kovai*. Sanz y Torres, Madrid, pág. 256.
25. Maharshi, Ramana. *Cuarenta versos sobre la realidad*. Sri Ramanasram, Tiruvanamalai, 2005, pág. 12.
26. Maharshi, Ramana. *Guru Vachaka Kovai*. Sanz y Torres, Madrid, págs. 257-259.
27. Nisargadatta. *Yo soy Eso*. Sirio, Málaga, 2008.

Palabra y silencio, los dos pilares del conocimiento

La aportación de la mirada contemplativa a la comprensión de la realidad

Teresa Guardans (Barcelona, 1956), licenciada en Filología y doctora en Humanidades por la Universidad Pompeu Fabra, ha profundizado en el estudio de la aportación de la atención silenciosa (y de la mística, en particular) a la construcción del conocimiento. Profesora del CETR, Centre d'Estudi de les Tradicions de Saviesa (www.cetr.net), donde se ha dedicado de lleno a las actividades del centro: biblioteca, cursos y, muy especialmente, a los trabajos del equipo de didáctica en la elaboración de materiales pedagógicos. Ha colaborado también con ESADE y la Universidad de Barcelona. Es coordinadora de Otsiera (www.otsiera.com), plataforma al servicio del desarrollo interior en el ámbito educativo.

Ha publicado diversos artículos y varios libros. Es autora de: *La Verdad del Silencio. Por los caminos del asombro* (Herder, 2009), *Las religiones: Cinco llaves* (Octaedro, 2007), *El saber marginat* (Edicions 62, 1997). También es coautora de: *Una historia de las religiones* (Octaedro, 2009), *La setena direcció: el cultiu de la interioritat* (Claret, 2008) y *El fet religiós* (Eumo, 2007).

Contemplar: suena a tarde tranquila en la naturaleza, en actitud atenta, abierta. Suena a silencio, a quietud, a belleza, a darnos tiempo para saborear la vida. Puede ser todo eso… y más. Procuraremos mostrar en estas páginas que contemplar es, esencialmente, conocer; un conocimiento peculiar que no aporta datos, no suma, no añade: transforma. Es un «saber desinteresado –escribía María Zambrano– que viene a resultar el más profundamente interesado de todos, pues que, en realidad, no es un añadir nada, sino simplemente convertir el alma, un hacerla ser, ya que el que contempla se hace semejante al objeto de contemplación».[1]

¿En qué consiste? ¿Cómo se ejercita? ¿Por qué y para qué cultivarlo? Esperamos dar alguna respuesta a estas preguntas y, para ello, el primer paso será echar un vistazo a lo que caracteriza al conocimiento humano; podremos ver así el lugar que ocupa en él la mirada contemplativa.

Un mundo hecho de palabras y silencio

Cada especie animal crea su propia realidad: percibe un mundo a la medida de sus necesidades. Las moscas uno, los elefantes otro, y otro (u otros) los humanos. Tan real es el mundo humano como el de las moscas, o ¿acaso tenemos alguna prueba para situar el mundo que percibe un humano por encima de los demás?

Para cualquier especie, la realidad es como un panel de emisión de señales dirigidas a una determinada estructura de supervivencia que reacciona de acuerdo a las señales recibidas, señales relacionadas con la procreación, la alimentación, la defensa. Cada especie desarrolla sistemas de captación, procesamiento y emisión de señales, en un impresionante acoplamiento entre la especialización de los órganos, la interrelación entre individuos de la especie y el mundo exterior. Un acoplamiento que –para la mayoría de las especies– viaja escrito en los genes. Una amplia información genética que instruye sobre cómo relacionarse con los congéneres, cómo construir refugios, cómo alimentarse, cómo servirse de movimientos, sonidos, señales químicas, para comunicarse, etcétera. Basta nacer abeja, mosca o elefante para que ese mundo propio se despliegue, y el individuo viva y actúe como abeja, mosca o elefante. El problema se presenta cuando cambian las condiciones de vida, pues la adaptación biológica es un proceso muy lento. Infinidad de especies se han extinguido antes de poder disponer del tiempo necesario para modificar esa información genética, adaptando la constitución biológica a las nuevas condiciones.

Ahí es donde parece que la vida –en la especie humana– da con una solución que agiliza inmensamente la adaptabilidad: dejar gran parte del libro de instrucciones en blanco. El cachorro humano nace en gran medida desprogramado o, mejor dicho, programado para aprender. Llega a un mundo de palabras que moldean poco a poco su percepción. Momento a momento, día a día, sus congéneres le hablan y va desarrollándose el filtro lingüístico que se interpondrá entre el individuo y la experiencia de realidad, seleccionando, ordenando, simplificando, organizando esa experiencia en una trama de conceptos densa, coherente, con significado.

Para la especie humana, el mundo ya no viajará en los genes, sino a través de las palabras, a través de la cultura, de los modelos culturales. Bastará con cambiar el sentido de las palabras, bastará con hablar sobre la realidad para poder modificar interpretaciones, hábitos, modos de vida. Aunque las transformaciones culturales también requieran su tiempo, poco tienen que ver con lo que suponen las modificaciones biológicas. De ahí ese despliegue de variantes de sociedades humanas, de mundos humanos, de culturas, sin haber cambiado esencialmente nada a nivel biológico. De hecho, la base biológica no ha sufrido ningún cambio decisivo en los últimos 10 000 años. Así, cuando hablemos de conocimiento, o de «realidad», o de vida humana, será importante recordar que «lo genético no determina lo humano, sólo funda lo humanizable. Para ser humano hay que crecer humano entre humanos. Aunque esto parece obvio, se olvida al olvidar que se es humano sólo de las maneras de ser humano de las sociedades a que se pertenece»[2] (H. Maturana).

La adquisición del habla equivale a la adquisición de un mundo con sentido; una realidad interpretable con la que interactuar, gestionar, etcétera, y así poder sobrevivir. La trama lingüística separa al individuo de la realidad, lo «despega»: la criatura humana cobra entidad frente a un mundo que percibe a través del filtro de palabras y conceptos. O a través del silencio de estos, como veremos enseguida. Esa criatura archiva sus aprendizajes, éxitos y fracasos, las reacciones de sus congéneres hacia su persona, en la memoria individual que va a regir su conducta, sus reacciones, su personalidad. A esa estructura psíquica capaz de aunar necesidades, comprensión, experiencia y respuestas la llamamos «ego». El ego es la estructura básica al servicio de la supervivencia que, en función de unas expectativas, unos miedos y unas esperanzas, curva la visión del mundo al servicio de ese ser viviente que pasa a ocupar el lugar central. Cada individuo se sitúa en el centro de la escena y comprende desde las expectativas que rigen su mirada.

Pero esa distancia que genera el habla tiene su otra cara: la posibilidad de mirar esa realidad que ha cobrado cuerpo desde el silencio de las palabras y las proyecciones que la modelan a nuestro servicio. La opción de bajar el volumen a tantas suposiciones y mirar, interrogarnos (¿qué es lo que aquí existe?), mantenernos a la escucha. Ahí es donde nos damos la oportunidad de obtener noticia de la realidad. Ahí es donde el conocer humano deja de moverse por rutas familiares que él mismo ha creado y adopta una actitud atenta al despliegue de la existencia. Es en ese pararse, en ese silencio, donde germina la admiración, el asombro, la fascinación, el respeto, pues es ahí donde le ofrecemos a la realidad la oportunidad de mostrarse, de hacerse presente.

Actitud receptiva, no de datos, sino de presencia: de aquello que pueda percibirse, o intuirse, en un cuerpo a cuerpo, en una comunión de presencias sintiendo el latir de la realidad. Es la «inteligencia sentiente», dirá Zubiri,[3] que a diferencia de la «concipiente» ni concibe ni afirma, sino que es aprehensión directa, inmediata, unitaria.

No confundir con la «inteligencia emocional», expresión con la que nos referimos a saber interpretar las señales del yo que reacciona enviando avisos al sentir. Aquí se trata de un reconocimiento de otro orden, propiciado por el distanciamiento de la actividad del ego y de la perspectiva de una mente y un sentir bajo su control. Mente y sentir se ensanchan en un reconocimiento de la realidad que no obedece a aprendizajes o conocimientos previos, como rompiendo las bridas que ceñían las capacidades a un solo ángulo de visión. De ahí que sea muy común entre contemplativos la vivencia de recepción, de don, de noticia que se ha producido «aquí, en mí» pero de forma gratuita, sin corresponder a la lógica de esfuerzo-resultado. En palabras de Marià Corbí:

> «El conocimiento que nace del silencio no es concepto, palabra, representación, sino intuición o, mejor, presencia inmediata, co-presencia, unidad lúcida con lo que se conoce. No es interpretación ni representación de la realidad; ni es tampoco una respuesta metafísica a los enigmas de la existencia, ni una formulación. Es un conocimiento que está libre de pensamientos y de palabras y que, por tanto, no está encadenado a los mecanismos de la razón. Brota del misterio silencioso de uno mismo, que es el misterio del cosmos, y vuelve –sin palabras– a ese mismo misterio. Es un reconocimiento que, produciéndose en uno mismo, trasciende el ego».[4]

«Miro, y las cosas existen / Pienso y existo sólo yo»,[5] sería la síntesis lapidaria de Pessoa. Cuando «pienso», la comprensión se mueve y avanza a partir de los aprendizajes asumidos por el sujeto; es relación entre un sujeto y un mundo desarrollado a su medida. «Mirar», en cambio, es invitación a dejar de proyectar para poder recibir la presencia de lo que existe. Más allá de la realidad hecha a la medida de los sujetos, más allá del mundo de correspondencias de sujetos y objetos, contemplar es atender como quien otea hacia la lejanía (o hacia las profundidades) buscando reconocer aquello que no ve, manteniéndose en interrogación, en actitud abierta, profundamente interesada. Encontramos buenos ejemplos de ello en el mundo del arte. Explica Balthus: «Un pintor ejercita siempre la mirada; se trata de ir "más lejos" de lo que te muestra el entorno, pero ese "más lejos" está aquí mismo, en la realidad misma, en ningún otro lugar. No dejas de mirar, en estado de alerta, da igual que tengas la vista tan mal como la tengo yo ahora, lo que importa es el estado de tensión de la mirada interior. Esa manera de penetrar las cosas con la certeza de que están absolutamente vivas, en una inimaginable plenitud».[6]

Estado de atención a esa realidad que se intuye, como deseando dejarla ser. O Cézanne: «No debe haber más intervención deliberada que el silencio, silenciar por dentro las voces de todos los prejuicios, crear silencio, ser un perfecto resorte»;[7] «evitar doblegar al motivo, al contrario, adaptarse a él, dejarle nacer y germinar en el propio interior en una disponibilidad total».[8] Y Valente: «lo primero que tiene que hacer todo artista es tener el estado de disponibilidad que presupone un espacio vacío. El artista se hace vaciándose a sí mismo».[9]

La «mirada interior» de Balthus apela a una penetración en el existir de las cosas. Se trabaja con los ojos, con los oídos, con el sentir, con la mente, pero no son ni los ojos ni los oídos, ni el sentir ni la mente. Son y no son, constituyen el resorte, el medio, para lograr movilizar esa «visión interior», «oído interior» que despierta en esa tensión avivada en y por el interés desegocentrado, absoluto, radical. El sentir gobernado desde el «yo» es el sentir reactivo, que reacciona ante placer o dolor, satisfacción o insatisfacción; esa es su misión. El sentir de la mirada contemplativa es lucidez sensitiva, descargada del peso de la costumbre, de las expectativas; libre de una visión o comprensión de la realidad fijada por el hábito. Mirada desde lo hondo que ve y siente una realidad que ha dejado de estar enfrente, «ve» porque «es» lo visto: «el que contempla se hace semejante al objeto de contemplación», nos decía María Zambrano más arriba. Silenciando al yo, ha hecho espacio a la realidad. «Aquí, junto al mar, soy la naturaleza sintiéndose a sí misma»,[10] escribe Joan Maragall.

El conocimiento propio de la especie humana avanza, pues, por un doble raíl: el conocer que objetiva y conceptualiza, y el que atiende al decirse del existir. La conceptualización es abstracción que permite generalizar, implica desnudar a la realidad de lo particular, de la vivencia concreta y de la valoración que pueda acompañarla. Y, a la inversa, cuanto más plena es la atención contemplativa, más sumida en el instante. Pura percepción del valor del momento, un re-conocimiento que conmueve, genera asombro; «toque» interior que invita a mirar y a admirar, a indagar, a interesarse, a comprometerse con la realidad desde la disciplina que sea, desde la vida misma. Son las dos caras del conocer de esos vivientes hablantes que somos los seres humanos. Fruto de la estructura lingüística que nos define, dos modos complementarios, ni contrarios ni contradictorios. En uno, la comprensión facilita la actuación. En el otro, invita a valorar, a amar, a respetar, «eso que ahí se muestra». «Conocer y saber», distinguía María Zambrano. Conocer sin saber podrá ser instrumento operativo poderoso, pero vacío de valoración, vacío de sentido: «vacío de humanidad». Cuando el conocer se asienta en el saber podemos, entonces sí, hablar de sabiduría.

Habrá a quien tanta teoría le parezca, quizás, innecesaria. Pero poder dar un fundamento «razonable» a la mirada contemplativa ayuda. Pues desde ese anclaje deja de ser una experiencia peculiar de algunos iluminados, o de personas especialmente «sensibles», o fruto del azar; podemos comprender su aportación propia e insustituible, analizar las claves de su desarrollo y explorar los modos más adecuados para su cultivo en el entorno contemporáneo. Muy expresamente he evitado, de momento, servirme de ejemplos del mundo de la mística, pero también desde la base de las dos vías de conocimiento, podemos dar razón de su fundamento y explicarnos el parentesco entre experiencias contemplativas en ámbitos tan distintos como pueden ser el arte, la ciencia, la mística, el compromiso ético, etcétera. Porque –se cultive o no– esa posibilidad está siempre ahí, constitutiva del conocer humano. Si algo como un susto de muerte o un gran dolor, o una alegría mayúscula, interrumpe el fluir cotidiano del yo y de sus automatismos, y de este modo queda como bloqueado el sostén del mundo tal como lo vemos y vivimos –ni que sea por unos instantes–, entonces sí, es probable que la realidad irrumpa sin previo aviso, asombrándonos y maravillándonos, en una experiencia fugaz o más o menos duradera. Pero la aportación de la mirada contemplativa es demasiado valiosa y necesaria como para dejarla en manos de circunstancias azarosas.

Hay infinidad de testimonios de experiencias de este estilo, siempre vividas como una visión mucho más verdadera de la realidad, que desborda nuestras palabras y categorías. «Es difícil –imposible, de hecho– plasmar en palabras el momento de Verdad que de repente me invadió», escribe Jane Goodall, refiriéndose a un día en el que quedó invadida por la belleza del entorno de un modo muy particular. Llevaba ya largo tiempo viviendo en las selvas de Tanzania, siguiendo y estudiando a los chimpancés:

> «Aquella tarde fue como si una mano invisible hubiera retirado una cortina [...] como si en un instante de "visión" hubiera conocido la infinitud. Cuando después traté de recordar la experiencia, me pareció que el yo había estado totalmente ausente: yo y los chimpancés, la tierra y los árboles y el aire, parecían fundirse para devenir uno con el poder espiritual de la vida. [...] Nunca había sido tan terriblemente consciente de las formas, de los colores de cada hoja, de las distintas siluetas de sus venas, que las hacían únicas».[11]

Ese día comprendió que «hay más de una ventana por la que los humanos nos asomamos a la vida». Cuenta cómo hasta ese día había observado a los chimpancés desde la ventana de la ciencia occidental, intentando recomponer, a base de un meticuloso registro y análisis crítico, las piezas de su compleja conducta social, conocer mejor el funcionamiento de sus mentes, su lugar en la naturaleza, etcétera.

> «[...] pero además, los humanos podemos mirar el mundo que nos rodea a través de otro tipo de ventana, como la que han utilizado los místicos y santos de Oriente [...] Aquellos maestros contemplaron las verdades no sólo con su mente, sino también con su corazón y su alma. [...] Tumbada boca arriba contemplaba cómo el cielo se iba oscureciendo. Qué triste sería, pensé, que perdiéramos el sentido del misterio, la capacidad de admirar y sentir ese profundo y sobrecogedor respeto».

Aquel día descubrió, o tomó conciencia, del conocimiento que le aportaba esa «otra» ventana. No eran datos ni nuevas interpretaciones, sino sentido del misterio, vivencia de la profunda unidad de la existencia, de su valor inefable... Y el protagonista de la experiencia no había sido el yo, en todo caso su ausencia, su silencio. ¿Puro azar? No exactamente; cultivo inconsciente que, a partir de ese momento, Jane convirtió en tarea consciente. ¿Por qué cultivo inconsciente? En esas páginas autobiográficas vemos cómo pasaba Jane sus días. Sin proponérselo llevaba meses, años, ejercitando y fortaleciendo su capacidad de atención, una capacidad que aumenta con la práctica (como la memoria o como cualquier otra capacidad cognitiva). Por su descripción de la vida en la selva podemos darnos cuenta de que empezó observando guiada por unos objetivos; pero las horas de contacto con los árboles, los cielos, los vientos y los animales hicieron que, a menudo, su deambular fuera –más que una caza de datos– puro movimiento de compenetración con la vida, atenta a todo. En algunos momentos, compenetración hasta el olvido de sí misma. Gracias a ese ejercicio no programado de atención lúcida y sostenida, gracias a alimentar un interés más y más «desinteresado» y de dejarse a sí misma en un segundo (o último) término, la «ventana» se abrió un día de par en par. Se habían dado las condiciones para ello.

Retomaremos más adelante la cuestión de las condiciones, pero antes nos irá bien detenernos en otro punto: a Jane Goodall se le hizo evidente que se había asomado a la misma ventana que los «místicos y santos de Oriente»... En el esquema presentado del conocimiento humano, ¿dónde situar la contemplación mística?

Las formas del sin forma

Si me tumbo bajo un cielo estrellado, estaré «viendo» un bellísimo espectáculo de miles de millones de galaxias en expansión, originadas por algo así como una gran explosión, los infinitos enigmas de un universo autónomo, en constante transformación; una visión que me hablará de mi insignificancia y de mi misterio, despertando un sentir embargado de profundo respeto, veneración, responsabilidad.

Durante miles de años, cualquiera que se tumbara bajo ese mismo cielo estrellado «veía» un universo heterónomo, un cosmos creado por Dios, un Dios que nunca había dejado de estar ahí, velando por la marcha de la vida, implicado en ella. Con variantes (Dios, dioses, espíritus, enviados, etc.), según tiempo y lugar. Una visión que les hablaría de insignificancia y de misterio, alimentando esa profunda veneración hacia la existencia y un hondo sentido de corresponsabilidad.

Vivencias hermanas, desde escenarios culturales distintos. La experiencia humana de vida siempre estará modelada culturalmente, también aquello que pueda intuirse desde el silencio del yo. Sea cual sea la captación, no puede ser interpretada, indagada o comunicada más que vertida en las categorías de un tiempo y un lugar. Pero a su vez, cuando la realidad muestra su «rostro inefable» sobrepasa el significado de las imágenes mentales que las palabras transmiten. La experiencia contemplativa rompe diques, sacude la modelación cultural: todo es «más». Como si de una visión en dos dimensiones –explica Geneviève Lanfranchi– de pronto se pasara a adquirir una tercera, que le otorga a todo una peculiar hondura, viva, que es como iniciativa, como lucidez, como armonía, paz, gozo... Se han hecho servir muchas formas o metáforas para apuntar a ese «más»: Verdad, Presencia, Vacío de cualquier entidad o formulación, Consciencia, Plenitud, Todo, Uno, Nada, Dios... Expresiones relacionadas todas ellas con conceptos que apuntan a algo de mucho valor, pues lo que se vive resulta infinitamente valioso. Por ello, cuando Dios es el factor esencial de una forma de comprender el mundo, el contemplativo no tendrá duda: ha sentido a «Dios». «Eso» que desborda cualquier categoría y comprensión, sin duda tiene que ver con Dios. «Eso» que se vive como experiencia de plenitud, ¿qué puede ser sino Dios? ¡Ah! Pero entonces «Dios» ya no puede ser «dios»: Dios deja de ser un alguien, un ser, distinto de lo demás. La experiencia trasciende conceptos, la noticia que recibe la mirada contemplativa es unión, Presencia una, unitaria, sin dos, nada queda fuera, ni tan siquiera uno mismo: quien contempla se reconoce a sí mismo «siendo» «Eso» (Verdad, presencia, divinidad...). «¡Soy la Verdad!» (*Ana'l Haqq!*), proclamó insensatamente al-Halladj. Vemos a Teresa de Jesús, en el *Libro de la vida,* luchando por dar a entender esa experiencia de Dios que ya no es un Dios allá en los cielos, sino Majestad en todo; pues en todo, «incluso en una hormiguita, hay más que lo que se entiende».[12]

> «Es ansí que tenemos el cielo dentro de nosotros, pues el Señor de él lo está. [...] ¡Qué cosa de tanta admiración, quien hinchera mil mundos con su grandeza, encerrarse en cosa tan pequeña! [...] Parecióme estar metida y llena de aquella majestad que he entendido. En esta majestad se me dio a entender una verdad que es cumplimiento de todas las verdades. [...] Esta Verdad que digo se me dio a entender, es en sí mesma verdad y es sin principio ni fin y todas las demás verdades dependen de esta Verdad, como todos los demás amores de este amor y todas las demás

> grandezas de esta grandeza [...]. Es una noticia en el alma más clara que el sol; no digo que se ve el sol, ni claridad sino una luz que sin ver luz alumbra el entendimiento; trai consigo grandes bienes [...] un sosiego y gloria en sí mesmos, un alegrarse que se alegren otros, una paz perpetua, [...] no entiende otra cosa sino amarle. [...] No se entiende cómo ama, la memoria me parece está casi perdida, el entendimiento no discurre, a mi parecer, mas no se pierde; mas como digo, no obra, sino está como espantado de lo mucho que entiende [...] El entendimiento, si entiende, no se entiende cómo entiende, al menos no puede comprehender nada de lo que entiende; yo no acabo de entender esto».[13]

Conocimiento que es amor, interés por todo y por todos («alegrarse de que se alegren»); conocimiento que es lucidez, gozo, paz. Que es certeza, «verdad», aunque no puede aprehender nada, atrapar nada, fijar nada, pues no avanza por senderos conceptuales: «grandes cosas entendí [...] que me quedé no sabiendo, toda ciencia trascendiendo» (Juan de la Cruz). Experiencia liberadora porque rompe la burbuja de la «egocentración», traspasa la frontera, se lleva por delante una percepción de sí encerrada en las paredes del yo:

> «[la Majestad] no se da a conocer hasta que va ensanchando esta alma poco a poco, [...] por eso digo que trai consigo la libertad, pues tiene el poder de hacer grande este palacio. Todo el punto está en que se le demos por suyo con toda determinación y le desembaracemos».[14]

José Ángel Valente, en una entrevista: «el poeta hace un vaciado de su interior para dejar entrar en él al universo. Y esa es la operación del místico, sólo que él dice que liquida al yo para que entre Dios».[15] En uno mismo, en todo, vivencia de realidad transformada, llámesele como se le llame. Echamos mano de los conceptos que tenemos para expresarlo, como no podría ser de otra manera: «lo más profundo de mí, que por mayor comodidad lo llamo "Dios"»,[16] escribe Etty Hillesum. «Para mí, Dios es como la cuña que nunca deja que se cierre el mundo y que siempre está generando otra cosa. Pero no tengo idea de quién sea»,[17] apunta Hugo Múgica.

Lao Tse, en el *Libro del Tao (Tao te King)*:

> «Forma sin forma, figura sin figura, inagotable, se encuentra en todas partes. / Vacío, silencioso, libre, inmutable Uno. Perfecto, anterior al Cielo y a la Tierra, puede que sea la Madre del universo. / No sabiendo su nombre, lo llamo Tao. / Si tuviera que darle un nombre le llamaría "Grande", porque se extiende por todas partes».

De la tradición hindú:

> «Dentro y fuera de todo, en movimiento e inmóvil, cercano y lejano. Cuando el sabio contempla la inabarcable Unidad, cuando en sí mismo ve a todos los seres, cuando su espíritu vive identificado con todos los seres, ¿qué puede temer? ¿Dónde está la aflic-

> ción para quien percibe la Unidad en Todo?» [*Isha Upanishad*, 5-7].

¿Qué está viendo y viviendo Juan de la Cruz cuando afirma que «siente ser todas las cosas Dios», cuando insiste en que no es que las esté viendo «a la luz de Dios», sino que «son Dios, en verdad»? Las montañas, los valles, los ríos sonorosos, el silbo del aire…

> «cada una de estas grandezas que se dicen es Dios, y todas ellas juntas son Dios. Que por cuanto en este caso se une el alma con Dios siente ser todas las cosas Dios. […] es una fuerte y copiosa comunicación y vislumbre de lo que él es en sí» [*Cántico B, 14. 4-6*].

¿Dejar entrar al universo o a Dios? ¿Inmersión en Dios o en el mundo? ¿Vislumbre del ser de Dios o del ser del universo? Desde el silencio de las construcciones humanas, simplemente testigos de lo inefable, del «sin forma» en toda forma. El mundo se abre desvelando su misterio; o Dios muestra su rostro, que no es otro que la realidad misma, que la existencia misma de cada ser. «Donde quiera que os dirijáis, allí está la faz de Dios» (Corán 2, 109). Balthus:

> «Esfuerzo por alcanzar las profundidades del mundo. Un rostro puede abrirse y mostrarnos lo indecible. Vértigo. Momentos así nos sitúan en un espacio sagrado».[18]

Giacometti en los márgenes de uno de sus cuadernos de dibujo:

> «Completamente desligado del yo al que le suceden las cosas». «Luz fulgurante, infinito resplandor de todo. Soy inmortal e infinito, y conmigo todos vosotros. Esto es la vida».[19]

Esto es la vida…, si «mi» vida se deja penetrar por el misterio de la existencia y pasa, entonces, a encarnar todas las vidas. A serlo todo. «El amor es resultado del autoconocimiento», dirá Nisargadatta:

> «Contemple la vida como infinita, indivisa, siempre presente, siempre activa, hasta que se dé cuenta de que es uno con ella, y pueda decir con verdad: toda existencia es mi existencia, toda consciencia mi consciencia, toda aflicción mi aflicción y todo gozo mi gozo. Esto es la vida universal».[20]

Difícilmente se podrían trazar fronteras entre los campos de la indagación silenciosa. ¿Y graduaciones? ¿Alguien se halla más cerca o más lejos? Si se pudiera aplicar alguna medida, no podría ser otra que la del vacío de sí. Lo que sí podemos es destacar la aportación propia de cada campo. Distinguir entre los distintos modos de expresión, entre los objetivos de la comunicación de unos y otros.

En aquella expresión estética que es fruto de un proceso contemplativo, el propio esfuerzo creativo es avance en el silencio del creador: el cuadro o el poema es el camino. Y la forma (visual, musical o poética) busca plasmar, traer a este mundo, un retazo de la comprensión silenciosa. En el poema *Que mi palabra sea la cosa misma* expresa así su anhelo Juan Ramón Jiménez: «Que por mí vayan todos / los que no las conocen, a las cosas; / que por mí vayan todos / los que ya las olvidan, a las cosas; / que por mí vayan todos / los mismos que las aman, a las cosas... / ¡Inteligencia, dame / el nombre exacto, y tuyo, / y suyo, y mío, de las cosas!». Rothko dirá que su propósito es «intentar que los seres humanos entren en contacto directo con las verdades eternas a través de la reducción de estas verdades al terreno de lo sensual, que es el lenguaje más elemental de la experiencia humana con el mundo exterior».[21] Y Bram van Velde: «El cuadro es un esfuerzo hacia la fuente, una búsqueda del misterio de la vida con todo el ser. La pintura ayuda a ver. Ella hace de la vida, de la complejidad de la vida, algo que puede verse. Hace visible aquello que uno no puede ver».[22]

La expresión estética abre una ventana, invita a ver, pero no pretende guiar a otros por las vías del conocimiento silencioso, no es ese su propósito. En cambio, de una forma u otra, sí lo hacen los maestros de la mística. Hombres y mujeres que se esfuerzan por hacer de su propia vida un «cuadro», un «poema»: transformar su existencia en un espacio en el que poder reconocer la naturaleza de la realidad silenciada, el fruto de la no-egocentración. Y hacen lo posible por comprender y aclarar el fundamento del conocimiento silencioso, cómo avanzar en él; por anunciar esa posibilidad y orientar hacia ella, avisando de los obstáculos y de las ayudas. Por eso interesa entender bien lo propio de la aportación de la mística, pues la escuela del conocimiento silencioso está ahí.

¿Cómo hacer para bajarle el volumen al yo y poder conocer desde otra mirada, para poder liberar la mirada interior? ¿Qué orientaciones ofrecen? Invitan al cultivo de una actitud doble, o un trabajo en dos direcciones. Por un lado, silenciar las voces de nuestras fijaciones, prejuicios, ocupaciones miles, monólogos interiores inacabables. Por el otro, atención plena, o apertura que acoge, que desea atender –con todas las capacidades– a lo que aquí se muestra. Esa doble actitud implica a todo el ser: mente, sentir y acción. Proponen, por ejemplo: ejercitar la atención mental al servicio de «deshacer el hechizo» de la perspectiva egocentrada, o ejercitar la capacidad de sentir más allá de los reclamos y las reacciones de un «yo» que quiere ser reconocido y amado; aprender a abrazar la vida. Practicar un actuar desligado del criterio del éxito, cultivando la plena conciencia en la acción misma, etcétera. En el legado de las distintas tradiciones de sabiduría encontraremos diversidad de propuestas nacidas de las distintas experiencias personales. Habrá tradiciones, o autores, que pivoten más sobre un aspecto o sobre otro, pero da igual, porque en esa unidad que somos, se trabaje desde donde se trabaje, todo el ser queda implicado, o debería quedarlo. La cuestión es tener claro que no se trata de aplicar y repetir unas recetas determinadas, sino de ensayar formas de reorientar el interés y el sentir, «negociando» con las facultades, «con amor y poco a poco, sino nunca haremos nada»,[23] aconseja Teresa de Jesús; en un proceso de «reformación» (Juan de la Cruz) que abre la posibilidad a la mirada gratuita, con todo el ser, en un ejercicio de conocimiento que es «ser lo que se conoce».

Si retomamos el ejemplo de Jane Goodall vemos cómo, a medida que se cultiva el silencio y la atención, empieza a tomar las riendas un interés ya no interesado por uno mismo, sino interesado por lo que existe, aquí, en todo; y como en una espiral, ese «interés desinteresado» ayuda a profundizar más y más en el silenciamiento y en la atención. Pero me temo que, a base de ejemplos tan solemnes, pueda parecer que nos estamos refiriendo a algo muy extraterrestre, a posibilidades muy fuera de la vida del común de los mortales y no a la esencia misma del conocer humano. Volvamos, pues, al punto de partida, en compañía del eco de la voz de Teresa de Jesús: «Entended que esto no es cosa sobrenatural, sino que podemos nosotras hacerlo [...]».[24]

Algunos retos

«No es un capricho, es que debería comprenderse la importancia que tiene ese silencio. [...] te hace ver más claramente la unidad universal de todas las cosas. [...] se estimula un espíritu más comprensivo y solidario entre los hombres y con la naturaleza»,[25] reflexiona Antoni Tàpies.

Así es. No es un capricho porque es la fuente de la solidaridad, del sentido de unidad, de la posibilidad de percibir el valor de la existencia. Es el silencio, es la mirada contemplativa, la que nos permite establecer contacto con la realidad. Insistimos:

una parte de nuestra cognición filtra, abstrae, modela. La otra es la que interioriza la realidad, se abre a ella, la atiende… y recibe noticia de esa «unidad universal». Y, con ella, la invitación a vivir en consecuencia con esa percepción.

Conocer y saber, las dos caras; no podemos conformarnos con menos. Podríamos decir que eso es lo que nos hace humanos: unos seres capaces de interesarse, de interrogarse, de amar. Seres capaces de admirarse, y de reaccionar en consecuencia, porque la realidad lo vale, porque la existencia lo vale. ¿Cómo favorecer esa mirada, hoy? Cada época, cada tiempo, debe encontrar sus propios argumentos y recursos para despertar esa conciencia de estar pisando «tierra sagrada», la intuición del infinito valor de todo.

La sociedad de innovación (en la que estamos inmersos) ofrece accesos al conocimiento como nunca. Recursos, como nunca, que nos enriquecen en todos los sentidos y facilitan la existencia. Pero que, a la vez, nos alejan del palpitar de la realidad. Más y más, nos movemos en la abstracción, rodeados de una realidad virtual en la que poco participa nuestro sentir. Una, dos o tres generaciones atrás, la atención, la observación, los tiempos vacíos, tan necesarios para dar cabida a la percepción de la realidad desde la raíz silenciosa, formaban parte del día a día, del devenir cotidiano de las ocupaciones. Hoy ocio y trabajo, para una proporción cada vez mayor de la población, se mueven en ámbitos alejados de los parámetros propios de la percepción sensorial; pantallas en todos los frentes, inmersos en un permanente alud de informaciones que, entre otras cosas, requiere desarrollar la capacidad de selección rápida, pero no la de mantener la atención focalizada y despierta por largos periodos de tiempo. Hasta el punto que leer tres páginas seguidas parece un logro cada vez más difícil...

No es una lamentación, sino tan solo un intento de señalar la necesidad de tomar conciencia de los «efectos secundarios» que comportan las actuales transformaciones de los modos de vida para evitar o corregir consecuencias indeseadas. Para complementar, fortalecer, reequilibrar lo que sea necesario, aprovechando las nuevas oportunidades que se presentan. Cuando cualquier actividad implicaba grandes dosis de ejercicio físico, no hacían falta gimnasios para mantener el cuerpo sano. Hoy sí. Y parece que empezamos a darnos cuenta de que hay algo más que necesita su particular «gimnasia» para poder mantener una mínima calidad de vida: proliferan las propuestas de meditación, o de cultivo de la atención plena (*mindfulness*) en entornos profesionales y educativos, para mejorar el rendimiento, la empatía, el estado general. Pequeñas prácticas de atención que «calman los ánimos», permiten reconocer mejor los estados emocionales, aumentar la receptividad, etcétera. Y todo eso está muy bien. Pero desde la comprensión del conocimiento de doble raíl, y del papel que en él juega la atención, su cultivo adquiere otras dimensiones.

La atención sostenida no es todavía conocimiento silencioso pero sí condición de posibilidad. El conocimiento silencioso requiere de ella para abrirse a lo que hay y dar cabida a la presencia de lo que existe. Hemos visto que, entonces, esa atención actúa como foco atento que ilumina, acoge, penetra y se deja penetrar por el objeto de atención. Como facultad, el uso concentrado y focalizado de la mente ni es ni deja de ser egocentrado o gratuito: dependerá de la actitud del yo que guía esa atención. Un yo que está facultado para aprender a dejar espacio a la realidad. La mirada contemplativa crece al paso del silencio del yo y del cultivo de la atención sostenida, hallándose ahí la clave de la «sabiduría», de aquel «saber desinteresado» de María Zambrano con el que abríamos estas páginas.

Impresiona ver la actitud inquieta y fascinada de los primeros años de vida, cómo los humanos nos abrimos al asombro; al mismo tiempo, el yo se va formando, desarrollándose como estructura imprescindible que es para canalizar, ordenar y equilibrar los resortes de la necesidad y la sobrevivencia. De la capacidad que tengamos de alimentar y fortalecer (no bloquear) esa apertura indagadora, curiosa y atenta, dependerá que ese yo crezca, ya sea encerrado sobre sí mismo, o atraído por la llamada de la vida. La preocupación por enseñar a mirar no es nueva, está en la base de numerosas propuestas pedagógicas empeñadas en proporcionar procesos significativos de aprendizaje. Como escribía Kieran Egan: «desde el punto de vista educativo, el éxito no consiste en convertir lo extraño en familiar sino lo familiar en extraño [...] llegar a contemplar la maravilla que esconde aquello que parece tan evidente».[26] Es un empeño que viene de lejos, pero quizás lo que ha cambiado es la comprensión del papel esencial de esa mirada en la constitución de la realidad humana; y más, cuanto más se constata que «lo genético no determina lo humano, sólo funda lo humanizable» (H. Maturana).

Cuanto más desnuda, más abstracta, menos sensitiva es la relación que se establece con la realidad y, por tanto, el mundo humano que ella genera, con mayor evidencia se muestra el lugar que ocupa la mirada contemplativa en el arte de «crecer humano entre humanos». Resulta más manifiesto –si cabe– que aprender no es adquirir unos datos, sino lograr desarrollar y mantener esa relación significativa con la realidad; un aprender a ser que es aprender a dar vida a un mundo y a sí mismo. Aprender a reconocer, con todo el ser, lo que «aquí» palpita. Pequeños, medianos y mayores. La mirada contemplativa no tiene edad; ni es una asignatura determinada; es un arte al que estamos invitados desde cualquier ámbito de la vida y desde todos ellos.

Me viene a la memoria Albert Schweitzer (médico, músico, teólogo, pacifista) cuando, ya anciano, recordaba cómo odiaba en sus años escolares unos libros de ciencia que pretendían dar respuestas definitivas y cerrar interrogantes. Mientras que, para él,

> «cuanto más fina y penetrante es la descripción científica, mayor es la admiración ante el misterio de la existencia, ante el irresoluble enigma de la presencia de una gota de lluvia, o de un copo de nieve. Me esfuerzo por no dejar morir la capacidad de soñar, espoleándola con los mil prodigios que se pueden contemplar a cada instante y cuantos más años pasan, más se multiplican éstos».[27]

Ciertamente, ese esfuerzo no es un capricho. La mirada contemplativa y asombrada es lo que nos permite saber y vivir como seres humanos, es lo que nos hace humanos... En palabras de Evelyn Underhill: «La sabiduría es el fruto de la comunión»,[28] y la comunión nace en la mirada contemplativa.

Notas

1. Zambrano, María. *Filosofía y poesía*. Fondo de Cultura Económica, México, 1993, pág. 53.
2. Maturana, Humberto. *Transformación en la convivencia*. Dolmen, Santiago de Chile, 1999, pág. 33.
3. Zubiri, Xavier. *Inteligencia sentiente: Inteligencia y realidad*. Alianza, Madrid, 1998, pág. 314.
4. Corbí, Marià. *Conocer desde el silencio*. Sal Terrae, Santander, 1992, pág. 10.
5. Pessoa, Fernando. *Un corazón de nadie*. Galaxia Gutenberg, Barcelona, 2001, pág. 189.
6. Balthus. *Mémoires de Balthus: recueillies par Alain Vircondelet*. Mónaco, Du Rocher, 2001, pág. 243.
7. Marí, Antoni. *Formes de l'individualisme*. Eliseu Climent, Valencia, 1994, pág. 223.
8. Jullien, François. *La grande image n'a pas de forme*. Seuil, París, 2003, pág. 239.
9. Valente, José Ángel, y Tàpies, Antoni. *Conversación sobre el muro*. La Rosa Cúbica, Barcelona, 1998, pág. 35.
10. Maragall, Joan. *Elogi a la paraula*. Edicions 62, Barcelona, 1978, pág. 46.
11. Goodall, Jane. *Gracias a la vida*. Mondadori, Barcelona, 2000, págs. 160-167.
12. Teresa de Jesús. *Las Moradas del Castillo interior (Morada 4º,* 2.2). Todas las citas de Teresa de Jesús de la edición: *Obras completas*. BAC, Madrid, 1972.
13. Teresa de Jesús. *Libro de la vida, Del Camino de perfección* 48,3 y 50,1; fragmentos de los capítulos 10, 27 y 40.
14. *Ibidem,* 48.3.
15. *El País*. 24.04.1999*:* Babelia, págs. 12 y 13.
16. Hillesum, Etty. *Diario: una vida conmocionada*. Anthropos, Barcelona, 2007, pág. 148.
17. Entrevista de Juan Cruz. «Hippy, monje y poeta místico». *El País*, 27.09.2011, pág. 38.
18. Balthus. *op. cit.,* pág. 163.
19. Giacometti, Alberto. *Écrits*. Hermann, París, 1997, pág. 229.
20. Nisargadatta, Maharaj. *Yo soy Eso*. Sirio, Málaga, 2003, pág. 248.

21. Rothko, Mark. *La realidad del artista*. Síntesis, Madrid, 2004, pág. 153.
22. Juliet, Charles. *Una vida secreta. Encuentros con Bram van Velde*. La Rosa Cúbica, Barcelona. 2008, pág. 220.
23. Teresa de Jesús. *Camino de perfección,* 43.3.
24. *Ibidem*, 49.3.
25. Valente, José Ángel, y Tàpies, Antoni. *Conversación sobre el muro*. La Rosa Cúbica, Barcelona, 1998, pág. 20.
26. Egan, Kieran. *Fantasía e imaginación: su poder en la enseñanza*. Morata, Madrid, 1994, pág. 69.
27. Schweitzer, Albert. *Souvenirs de mon enfance*. Librairie Istra, París, 1951, pág. 66.
28. Underhill, Evelyn. *La práctica del misticismo*. Trotta, Madrid, 2015, pág. 29.

Contemplación y compromiso

Una aproximación no-dualista[1]

Mónica Cavallé (Las Palmas de Gran Canaria, 1967), doctora en Filosofía por la Universidad Complutense de Madrid y Máster Universitario en Ciencias de las Religiones. Durante varios años ha coordinado en la Universidad Complutense de Madrid los seminarios de Introducción Filosófica al Hinduismo y al Budismo. Pionera del asesoramiento filosófico (enfoque sapiencial) en España, trabaja como filósofa asesora y actualmente dirige la Escuela de Filosofía Sapiencial, en la que promueve la recuperación de la raíz sapiencial de la filosofía. Es conocida por sus libros sobre filosofía perenne y sabiduría oriental –en particular, sobre Vedanta Advaita–, y por sus publicaciones sobre filosofía como arte de vida en las que intenta acercar la filosofía a la vida cotidiana.

Entre su obra escrita destacan los libros: *La sabiduría recobrada. Filosofía como terapia* (Kairós, 2011), *La Filosofía, maestra de vida* (Aguilar, 2003), *La sabiduría de la no-dualidad* (Kairós, 2008). Ha sido coordinadora y coautora del libro *Arte de vivir, arte de pensar. Iniciación al asesoramiento filosófico* (Desclée de Brouwer, 2007). Ha colaborado, entre otros, en los siguientes libros: *Introducción filosófica al Hinduismo y al Budismo* (Étnos, 1999), *Psicópolis. Paradigmas actuales y alternativos en la psicología contemporánea* (Kairós, 2005), *Filosofía y dolor* (Técnos, 2006), *Claves de la existencia. El sentido plural de la vida humana* (Anthropos, 2013).

Son muchas las ocasiones en las que, tanto en entornos públicos como en el espacio de mi consulta privada, se me ha invitado a reflexionar sobre la relación que existe entre la contemplación y la acción comprometida en el mundo, o entre la mística y el compromiso. Este hecho es revelador sobre cómo, para muchas personas con inquietudes filosóficas o espirituales, no resulta obvia –más aún, resulta problemática– la armonización teórica y vivencial de estas dos dimensiones de la existencia humana.

Contemplación y acción en la historia de Occidente

La dialéctica entre contemplación y compromiso, entre la mirada no instrumental y no intervencionista que descansa en lo que es, y la acción comprometida con el aquí y el ahora terrenal y orientada a transformarlo, es arquetípica. Estructura nuestra propia historia, y nos remite, de hecho, a los mismos orígenes de nuestra civilización occidental. Es significativa, a este respecto, la anécdota sobre Tales de Mileto (c. 625-546 a.C.), con quien se inicia la historia de la filosofía occidental, que Platón pone en boca de Sócrates:

> «Ahí tienes, Teodoro, el ejemplo de Tales, que también observaba los astros, y, al mirar al cielo, dio con sus huesos en un pozo. Y se dice que una joven tracia, con ironía de buen tono, se burlaba de su preocupación por conocer las cosas del cielo, cuando ni siquiera se

> daba cuenta de lo que tenía ante sus pies. Esta burla viene muy bien a todos aquellos que dedican su vida a la filosofía».[2]

El relato irónico sobre la caída de Tales reconoce dos órdenes distintos en las inquietudes humanas: el mundo de la contemplación y del pensamiento puro, y el de la atención y la acción ordenadas a lo próximo, al manejo y transformación de las cosas de este mundo. A su vez, establece lo que será una de las imágenes prototípicas del filósofo: la del hombre teórico que, ensimismado, se dedica a contemplar lo que está en el cielo metafísico, en el mundo de las ideas, y no advierte lo que tiene ante sus pies.

El reconocimiento de esos órdenes, así como la reflexión en torno a la supremacía de uno u otro, también está presente en el origen de la tradición cristiana:

> «Mientras iba de camino con sus discípulos, Jesús entró en una aldea, y una mujer llamada Marta lo recibió en su casa. Tenía ella una hermana llamada María que, sentada a los pies del Señor, escuchaba lo que él decía. Marta, por su parte, se sentía abrumada porque tenía mucho que hacer. Así que se acercó a él y le dijo:
>
> –Señor, ¿no te importa que mi hermana me haya dejado sirviendo sola? ¡Dile que me ayude!
>
> –Marta, Marta –le contestó Jesús–, estás inquieta y preocupada por muchas cosas, pero sólo una es necesaria. María ha escogido la mejor, y nadie se la quitará» [«En casa de Marta y María», Evangelio de Lucas 10:38-42].

La atención a la tierra o la contemplación del cielo. Marta o María. Acción mundanal o contemplación.

En efecto, la tensión entre estas dos formas de relacionarnos con la realidad late en el inicio de nuestra tradición occidental y configura igualmente su desarrollo.

El mundo antiguo y medieval de Occidente buscará resolver esa tensión mediante la subordinación jerárquica de uno de dichos órdenes al otro, en concreto, de la acción ordenada a fines utilitarios a la contemplación. No compartirá la burla de la muchacha Tracia, y sí la convicción de que María habría escogido la mejor parte, es decir, a lo largo de esos periodos es recurrente y unánime la convicción en la superioridad de la contemplación, del ocio sobre el «negocio».[3]

Es ya un tópico afirmar que la civilización occidental es hija del ocio. El nacimiento de la filosofía y de las ciencias, los grandes cimientos de nuestra civilización, no hubiera sido posible si, en la Grecia clásica, no hubiera habido un número significativo de individuos que, liberados de las presiones y trabajos orientados a la mera subsistencia, pudieron entregarse a la contemplación. En palabras de Aristóteles, la filosofía «comenzó a buscarse cuando ya existían casi todas las cosas necesarias y las relativas al descanso y al ornato de la vida»,[4] al igual que «las artes matemáticas nacieron en Egipto, pues allí disfrutaba de ocio la casta sacerdotal».[5]

El término «ocio» (*skholè*) no tenía en el mundo griego el significado amplio que tiene hoy en día –que incluye acepciones como la mera diversión, la distracción, la desocupación o el no hacer nada–. Significaba, ante todo, reposo, una interrupción de la acción instrumental, la que se orienta a satisfacer las necesidades de la vida, que posibilita que la realidad se nos revele, que no sea percibida solo en función de nuestras necesidades, exigencias o intereses, sino que se nos muestre tal y como es. El ocio permitía dedicarse al tipo de actividades consideradas entonces más elevadas, las que no buscan nada fuera de sí mismas, es decir, a las distintas formas de contemplación. Era lo opuesto al «negocio», a lo que se hace con vistas a obtener algo diferente y extrínseco a la propia acción en sí. El arte y la filosofía, la contemplación intelectual, eran consideradas, por tanto, formas de ocio.[6]

Tanto para Platón como para Aristóteles, la existencia humana se realiza en plenitud solo en aquellas actividades que son fines en sí mismas, las que alumbran la experiencia de la verdad, de la belleza y del bien. Para ambos, la vida contemplativa es la forma de vida más elevada, la única auténticamente libre, y la que posibilita la modalidad más perfecta de felicidad a la que tenemos acceso.

Explicando que la felicidad consiste en cierta actividad contemplativa, afirma Aristóteles:

> «[...] es más Sabiduría la que se elige por sí misma y por saber, que la que se busca a causa de sus resultados».[7]

> «Parecería, pues, que esta es la única actividad querida por ella misma, pues de ella no resulta nada fuera del contemplar, mien-

> tras que de las actividades prácticas pretendemos ganar más o menos al margen de la acción. [...] También parece que la felicidad reside en el ocio: en efecto, nos privamos de ocio para tenerlo, al igual que hacemos la guerra para tener paz».[8]

A lo que añade: «Una vida de esta clase sería superior a la medida humana, pues no vivirá de esta manera en cuanto ser humano, sino en cuanto que hay en él un algo divino».[9] Es decir, dado que «la naturaleza humana es esclava en muchos aspectos»,[10] dado que en nuestra dimensión psicofísica somos seres constitutivamente necesitados y carentes, una vida autosuficiente consagrada a la contemplación es superior a la condición humana, y solo podemos vivir así en la medida en que hay en nosotros algo divino, algo que es perfectamente completo, autosuficiente y libre.

Es significativo que la palabra griega «ocio», *skholè*, signifique igualmente «escuela» (en latín *schola*). Dado que el ocio permite liberarse del dominio de lo útil, del apremio de las necesidades, del trabajo (*askholia*), y dado que posibilita dedicarse al estudio, a la contemplación intelectual, a la búsqueda del conocimiento por el conocimiento, dicho término dará asimismo nombre a las escuelas o lugares dedicados al cultivo del espíritu, a la contemplación desinteresada de la realidad, al estudio de lo que son las cosas en sí mismas.

En el medievo se mantiene el énfasis, propio del mundo greco-romano, en la superioridad de la contemplación, de la *vita contemplativa* sobre la *vita activa*. La mayor nobleza de la primera sigue presente, por ejemplo, en la estructura medieval del conocimiento, retomada de la antigüedad clásica, que distingue entre las artes liberales y las artes serviles o vulgares, esto es, entre las artes y disciplinas intelectuales, por un lado, y las actividades mecánicas y los oficios útiles o productivos, por otro. La centralidad de la visión cristiana también contribuye a mantener dicha superioridad en la medida en que considera la actividad contemplativa como el preludio del gozo de la contemplación de lo divino que constituye el objetivo último de la vida humana.

Ahora bien, este escenario cambia radicalmente con la Edad Moderna. En el Renacimiento comienza a cuestionarse la jerarquía clásica descrita y a debilitarse la hegemonía de la contemplación. Aunque en la transición del medievo a la Edad moderna se mantienen los elogios de la vida contemplativa sobre la vida activa (Petrarca, Boccaccio, Poggio Bracciolini...), poco a poco va cambiando el énfasis dentro de esta polaridad. Aparecen críticas a la visión tradicional de la vida activa, a la consideración negativa de las artes serviles propia de la antigüedad y del medievo, en las que se ve una justificación ideológica de los modos de producción esclavista y feudal, así como de la oposición rotunda existente entre las clases altas, los estamentos privilegiados (entre ellos los religiosos, que viven del cuento), y las clases populares. Se comienzan a poner las bases de la reivindicación moderna y contemporánea de la dignidad del trabajo, del «negocio» y de la labor manual; una reivindicación que nace en el Renacimiento, y que tiene como hitos destacados el calvinismo, con su encomio del trabajo diligente, el marxismo, donde el trabajador alcanza su máxima dignidad, y el liberalismo y neoliberalismo económicos.

La crítica del marxismo a la filosofía y a la religión –ámbitos privilegiados de la vida contemplativa– quizá constituya el culmen de este cambio de polaridad. «Los filósofos –afirma Marx– no han hecho más que *interpretar* de diversos modos el mundo, cuando de lo que se trata es de "transformarlo"» (*Tesis sobre Feuerbach*, XI). La religión, sostiene a su vez, es el «opio del pueblo». Es alienación, en primer lugar, porque es la proyección del ser humano en un mundo ilusorio y en un ser suprahumano igualmente ilusorio ante el que se rebaja. Y, en segundo lugar, porque el individuo proyecta en ese mundo ilusorio sus esperanzas de salvación, felicidad y justicia, lo que le resta energía para actuar en el único ámbito donde dicha felicidad y justicia son posibles, el aquí y ahora terrenales. El consuelo que esas promesas ilusorias le ofrecen le debilita para cambiar las condiciones sociales, políticas y económicas que constituyen las principales causas de su sufrimiento. Para la visión marxista, la religión actúa como una suerte de anestésico que hace conformista al ser humano y le conduce a no luchar en este mundo.

La teología de la liberación, nacida en la década de los sesenta, recogerá la crítica marxista, si bien buscará reconciliarla con la religión. Aducirá, con este fin, que no hay auténtica salvación cristiana sin liberación social, económica y política; más aún, que esta integración es acorde con el espíritu evangélico.

Pero, si bien para teólogos como Leonardo Boff, la teología de la liberación no está disociada de la mística, otras versiones de esta teología han sido suspicaces con el misticismo contemplativo, en el que siguen viendo opio para el pueblo y una huida solipsista de la comunidad; al igual que han desconfiado de las sabidurías orientales por su supuesta pasividad y ensimismamiento, por su abandono de la acción transformadora en el mundo. Hoy en día, esta sensibilidad antimística sigue presente en aquellos ámbitos cristianos que contraponen de forma dilemática la vida contemplativa y el cristianismo social, a saber, las exigencias prácticas que trae consigo el amor al prójimo, la presencia activa, combativa y comprometida en el mundo.

Esta pérdida progresiva de hegemonía de la contemplación en la evolución histórica de Occidente también puede reconocerse en otros ámbitos de la actividad humana, por ejemplo, el científico. Si bien es indisociable de la investigación científica el impulso contemplativo, la sed de conocimiento por el propio conocimiento, es un hecho que la aspiración a observar la naturaleza con el fin de que esta nos hable, y para conformarnos con ella, ha ido dando paso al afán de conocerla con el objetivo de dominarla, de subordinarla a la obtención de resultados prácticos de índole material y de invenciones tecnológicas, algo en lo que la progresión de éxitos de nuestra historia reciente ha sido y sigue siendo incontestable.

En el ámbito artístico, contemporáneamente se ha manifestado este giro en la confrontación entre el *ars gratia artis*, el arte por el arte, la belleza por la belleza, es decir, entre las vertientes del arte que defienden que el arte ha de ser libre y desinteresado, que no ha de justificarse por ningún fin ajeno a sí mismo (lo que hace que una obra de arte sea algo esencialmente distinto de un objeto utilitario), y aquellas que consideran que esa visión es esteticista e irresponsable, pues el artista ha de poner su arte al servicio del compromiso con los problemas de su época.

En líneas generales, si bien el anhelo contemplativo es indisociable de la existencia humana, pues nos es constitutivo, cabe reconocer un retroceso y una progresiva devaluación de la contemplación a lo largo de la historia de Occidente. La supeditación de la vida activa a la vida contemplativa, característica del mundo antiguo y medieval, se invierte progresivamente en la Modernidad hasta llegar a la situación del Occidente contemporáneo, que se extiende a escala planetaria: el enaltecimiento del negocio frente al ocio (un término que casi ha perdido su originaria conexión con la contemplación), la hegemonía y absolutización de lo práctico, el amor al cambio por el cambio mismo, la búsqueda de transformaciones inmediatas y visibles, el afán de extraer todo de un rendimiento, también de las creaciones más elevadas del espíritu,... Lejos queda la afirmación clásica de que el fin de la vida humana es la contemplación, de que el objetivo último de la organización social se ordena a posibilitar la contemplación, y de que es bueno para la sociedad en su conjunto que haya individuos que se consagren a la vida contemplativa.

¿Una tensión inevitable?

Ahora bien, la tensión entre estos dos órdenes, presente en la historia de Occidente y en la experiencia íntima de tantas personas, ¿es inevitable?, ¿está sustentada en la realidad de las cosas?

Antes de pasar a dilucidar esta cuestión, advirtamos cómo en muchos ámbitos de la experiencia cotidiana no es reconocible dicho dilema. Pensemos, por ejemplo, en una madre absorta en la contemplación amorosa de su hijo. Esta contemplación no la distrae de las necesidades del niño, ni apaga su respuesta activa ante ellas; todo lo contrario, le permite conocerlo mejor, dejar de proyectar en él sus ideas sobre lo que necesita, verlo en sí mismo y ser sensible a sus demandas reales. Todo esto fortalece su compromiso y su impulso activo por satisfacerlas. La contemplación y el compromiso, en esta situación particular, se dan la mano y se potencian. Si esto es así en tantos ámbitos de nuestra vida, ¿por qué ha sido y sigue siendo tan habitual la percepción de incompatibilidad o conflicto entre estas dos disposiciones?

Sugiero que es la percepción misma del dilema la que tiene que ser superada, la que tiene que ser cuestionada, pues dicho conflicto es real únicamente allí donde se parte de una concepción reduccionista de la contemplación y de la acción/compromiso. Como veremos, son estas categorías reduccionistas y dualistas las que no permiten aprehender el carácter paradójico de lo profundo, es decir, que lo contrario de una verdad superficial es una mentira, «pero lo opuesto de una verdad profunda puede ser muy bien otra verdad profunda» (Niels Bohr). Lo profundo es paradójico porque, a su luz, la realidad se revela como una coexistencia de niveles con lógicas diferentes, si bien solo aparentemente contrarias o excluyentes.

Como pasaremos a ver, cuando se superan las concepciones reduccionistas que impiden esta integración, las preguntas relativas a cómo armonizar en nuestra vida contemplación y compromiso pierden su sentido. Sencillamente, ya no se plantean.

La primacía de la contemplación

De cara a comprender la naturaleza de esta integración, retornaremos brevemente al mundo antiguo y medieval con el fin de retomar la iluminadora intuición clásica que postula la primacía de la contemplación.

El *Himno a Zeus* del poeta de la Grecia clásica Píndaro, que conocemos solo a través de referencias indirectas, es muy ilustrativo a este respecto:

> «Zeus, consumada la creación del mundo, preguntó a los dioses, sumidos en silenciosa admiración, si faltaba algo para que fuese perfecto. Y le respondieron que algo faltaba: una voz divina para pregonar y alabar toda esa magnificencia. Y le rogaron que engendrara a las Musas».[11]

Las musas son las voces divinas que hablan por boca de los inspirados, de los rapsodas y poetas que cantan y celebran la magnificencia de la creación. De aquí el papel sagrado del canto y del lenguaje en el mundo griego: la esencia del cosmos se consuma en la contemplación que se expresa en el canto y en la palabra poética. «Lo esencial y lo grande quiere ser cantado»,[12] y la vida humana encuentra su función más elevada, su máxima dignidad, en ser el lugar en que la Vida puede contemplarse, celebrarse y cantarse a sí misma. Este es el culmen de la creación. Sin esa mirada contemplativa que se admira ante lo que es y lo canta, el mundo está incompleto.

Algo similar afirmará el sabio estoico Epicteto: la acción más elevada, la más acorde con la dignidad humana, es cantar, cantar un himno a la divinidad.

> «¿Qué otra cosa puedo hacer yo, un anciano cojo, más que cantar un himno a la divinidad? Si fuese un ruiseñor, haría lo propio del ruiseñor; si cisne, lo del cisne. Pero, en realidad, soy un ser racional: debo cantar el himno de la divinidad; esa es mi tarea; la cumpliré y no abandonaré este puesto».[13]

El estado contrario al que se expresa en el canto contemplativo es la «acedia», un término recurrente en la literatura espiritual de la Edad Media. La acedia era identificada, en aquel tiempo, con la pereza espiritual. Los padres del desierto la describían como el «terrible demonio del mediodía» que asediaba a los anacoretas y monjes del desierto. Al igual que hoy, la acedia equivalía al hastío, a la apatía, al desaliento, al aburrimiento, a la paralización de la voluntad que se orienta hacia lo mejor; pero, curiosamente, la pereza intrínseca a la acedia no se entendía entonces como actualmente la entenderíamos, como incapacidad para la acción, sino como incapacidad para la contemplación. La pereza no solo no era considerada la hermana del ocio, sino que era precisamente su opuesto[14] –una visión antagónica a la que hizo afirmar a Bertrand Russell: «el misticismo tradicional contemplativo [...] es, esencialmente, una filosofía del ser humano perezoso»[15]–.

La acedia era la inquietud del espíritu que incapacita para descansar en uno mismo y para contemplar. Da lugar a la actividad que se lleva a cabo por la propia actividad, al activismo inquieto y fanático, al movimiento errático y a todo lo que revela déficit de ser, de reposo en el propio ser, de coincidencia consigo mismo, de aquietamiento, descanso y confianza en el fondo de la realidad.

Tomás de Aquino afirmaba que la acedia es la renuncia triste a la grandeza de ser humano, a los bienes más elevados. Y Pascal, más adelante, que los males del ser humano vienen de que no puede estar en paz a solas en una habitación. Dos siglos después, Nietzsche también pondrá en relación la pereza con el activismo ciego. Considerará, como los clásicos, que la pereza más profunda es, ante todo, pereza de ser, de ser uno mismo.

> «“El grave defecto de los hombres activos”. Lo que les falta ordinariamente a los hombres activos es la actividad superior, es de-

cir, la actividad individual. Actúan en calidad de funcionarios, de hombres de negocios, de expertos, es decir, como representantes de una categoría, y no como seres únicos, dotados de una singularidad definida; "en este aspecto, son perezosos". La desgracia de los hombres activos es que su actividad resulta siempre un tanto irracional. No cabe preguntar al banquero, por ejemplo, por el objetivo de su compulsiva actividad, porque está desprovista de razón. Los hombres activos ruedan como lo hace una piedra, según el absurdo de la mecánica. Todos los hombres, tanto de hoy como de cualquier época, se dividen en libres y esclavos; pues quien no dispone para sí de las tres cuartas partes de su jornada, es un esclavo, sea lo que sea: político, comerciante, funcionario o erudito.

»[...] el hombre ocioso es siempre mejor que el activo. No creas, señor perezoso, que hablo contigo».[16]

Características de la contemplación

La convicción relativa a la superioridad y excelencia de la contemplación ha sido históricamente predominante. Lo fue, como hemos venido viendo, en el pensamiento clásico; y lo ha sido asimismo, de forma indiscutible, en las tradiciones de filosofía sapiencial de todas las culturas.

Ahora bien, ¿qué tiene la contemplación, cuál es su naturaleza, para que tantas tradiciones y escuelas, de todas las culturas y tiempos, hayan sido unánimes al otorgar una condición tan elevada y poderosa al mero mirar, o, más propiamente, al ver?

Responderemos describiendo algunas características de este mirar; en concreto, aquellas que le otorgan su indiscutible valor y dignidad.

1. Si examinamos la naturaleza de la contemplación, podemos advertir, en primer lugar, que *se trata de una mirada que nos saca de la cadena de medios y fines,* de la cadena de la supervivencia, de la cotidianeidad inercial en la que hacemos unas cosas para alcanzar otras. Los seres humanos, como nos decía Aristóteles, somos seres carentes, necesitados. Necesitamos muchas cosas para vivir: alimentos, ropa, refugio, dinero, propiedades, logros materiales y simbólicos, vínculos, esparcimientos, etcétera. Por eso, buena parte de nuestras acciones son instrumentales, se orientan a obtener un resultado distinto de la acción en sí, el que satisface esas necesidades, tanto las reales como las imaginarias. Esto ya establece un determinado modo de mirar la realidad, de dirigirnos hacia ella.

Pero hay otro tipo de mirada. Es aquella que surge de la admiración, del asombro, del pasmo, del mero interés, de la interrogación por la naturaleza de las cosas, de la devoción o de la gratitud. Se trata de una mirada radicalmente distinta; de una mirada gratuita y libre, que atiende a la dimensión gratuita y libre de la realidad, es decir, a lo realmente real, a lo que las cosas son en sí mismas, y no simplemente a lo que son para nosotros en función de nuestras necesidades, temores o deseos. Una mirada que deja ser a las cosas, y que, por tanto, nos permite verlas realmente. La autosuficiencia de esta mirada es la que permitía decir a Aristóteles: «No vivirá de esta manera en cuanto ser humano, sino en cuanto que hay en él un algo divino».

2. Es, además, *una mirada que deja de dar todo por supuesto, que se asombra*. De nuevo, Aristóteles: «Los hombres comienzan y comenzaron siempre a filosofar movidos por la admiración [...] buscaban el saber en vista del conocimiento, y no por alguna utilidad».[17]

El comienzo de la filosofía es el asombro básico. La mirada filosófica aparece cuando queda atrás la mirada pragmática. No es un mero asombro sobre cómo son las cosas (¡y vaya si son asombrosas!), sino, más aún, es asombro de que las cosas sencillamente sean, de que todo esto sea, de que cualquier cosa sea. Es una mirada radical, pues mira más allá de lo dado y atiende al fundamento de las cosas mismas; y es una mirada total, porque no se asombra ante esto o lo otro, sino ante el todo del ser.

Este asombro queda bien compendiado en la pregunta filosófica por excelencia que Martin Heidegger plantea al final de su obra *¿Qué es metafísica?*: «¿Por qué hay ente y no, más bien, nada?».[18] O en las siguientes palabras de Alfred North Whitehead: «Philosophy asks the simple question: What is it all about?».[19]

Y, de nuevo, este asombro nos saca de la inercia diaria, de la anestesia de la normalidad. Entraña un despertar de la mirada cotidiana que da todo por supuesto. Porque hay que estar muy dormido, muy anestesiado, para dar por hecho la magnificencia bizarra en la que estamos inmersos, la maravilla y extrañeza de la propia existencia, con su belleza, que duele por su desmesura, con sus sincronicidades y armonías asombrosas, con sus sufrimientos y absurdos (o lo que parecen tales desde nuestra perspectiva humana)… La maravilla de que estemos aquí, reflexionando sobre todo esto.

Hay quienes tienen más propensión a este asombro; son las personas con inclinación filosófica. Pero no todo el mundo se pregunta «¿qué es todo esto?». A veces se necesita una experiencia límite, de ruptura, para adquirir esta disposición, para que se despierte en nosotros este asombro básico. En ocasiones, este despierta de golpe, cuando algo agrieta nuestra inercia aletargada. Por ejemplo, en la crisis de la adolescencia, que pone fin a la aproblematicidad de la vida infantil; en los enamoramientos poderosos; en las experiencias conmovedoras de belleza; ante la experiencia de la muerte; tras un intenso y prolongado dolor… Estas sacudidas nos sacan del raíl de la cotidianeidad. Irrumpe en ellas algo que ya no se ajusta a lo dado, al puzle de lo hasta entonces familiar, a la cadena ininterrumpida de medios y fines. Y lo hace de la mano de una nueva mirada: la misma del que ama profundamente, de quien ha sufrido intensamente (cuando el sufrimiento, asumido, no ha embotado su lucidez, sino que la ha agudizado), del sabio… Se trata de una mirada que no sabemos bien si describirla como ausente o como muy presente; pues ya no está enfocada en la inmediatez, en el siguiente objetivo, sino en el enigma mismo de la vida. Ya no solo mira la epidermis de las cosas, sino también el misterio que las traspasa y que es irreductible a ellas.

A veces, esta mirada también se alumbra allí donde ha habido pérdida de motivación, de implicación en el mecanismo bien engranado de lo cotidiano, que se ha intuido carente de sentido en sí mismo. Esta distancia, esta desidentificación, puede ser fuente de depresión o de angustia, pues asoma la nada que se oculta detrás de todo lo que parecía incuestionable, sólido y consistente. Pero cuando esta nada se afronta y se apura hasta el final, deja de ser una nada de ausencia de sentido y se revela como una nada de plenitud de él. Se arraiga en el fondo profundo del Ser, desde donde se retorna a la inmediatez cotidiana, si bien en esta se revela ahora una nueva hondura y un profundo significado.

La filosofía no es solo el despertar de este asombro, sino también su articulación y maduración. Una profundización que no lo agota, sino que lo incrementa, es decir, que no busca acabar con él, pues no es el tipo de asombro que se tiene ante algo cuya explicación no se conoce, y que desaparece, por tanto, cuando esta se alcanza. Se trata de un pasmo básico que toca el misterio insondable de la realidad. La filosofía, al articular este asombro, no deja de sorprenderse; por el contrario, el asombro se ahonda.

«El filósofo se asemeja al poeta porque los dos tienen que habérselas con lo maravilloso»[20] (Tomás de Aquino). También la poesía –entendida en este contexto como símbolo de todas las artes– parte de este asombro. En concreto, del interés en las cosas por sí mismas, en la maravilla de las cosas en sí mismas, tal y como son. Lo propio de la poesía es el pasmo extático ante el regalo de la presencia de las cosas, un regalo que, insistimos, cuando estamos dormidos damos por hecho. «El poema de la creación es ininterrumpido –escribía Thoreau–, pero pocos son los oídos que lo oyen».[21] Esos oídos que lo escuchan son los poetas.

La mirada poética es la mirada que escucha. Y es también la mirada que ve.

> «Mirar una cosa es muy distinto de verla. Nada se ve mientras no se ve su belleza. Entonces, y sólo entonces, adquiere existencia»[22] [Oscar Wilde].

La espiritualidad también encuentra una de sus fuentes en el asombro. Surge igualmente del contacto con lo maravilloso, con el misterio que trasciende lo dado y lo sostiene.

Hablamos de filosofía, de poesía y de espiritualidad en sus formas desnudas, puras, no siempre presentes en la actividad y las palabras de los filósofos, poetas y religiosos «homologados», ni en todo lo que se reviste de esos nombres; con mucha más frecuencia, las hallamos al margen de los circuitos oficiales, porque la organización y la autoconciencia excesiva de lo que requiere la más absoluta pureza y desnudez terminan generalmente anestesiando el asombro.

3. Añadiremos otra característica de la contemplación: es una mirada que nos saca de la cadena de medios y fines propia de la supervivencia y de la cotidianeidad inercial precisamente porque *no busca nada*.

Es habitual en los entornos espirituales hablar de la figura del «buscador». Pero la contemplación, la actividad espiritual por excelencia, es la mirada que ya no busca precisamente porque descansa en lo que es.

Conviene recordar a este respecto que, si bien actualmente entendemos por «teoría» una suerte de construcción intelectual, el término griego *theoria* se corresponde con la palabra latina *contemplatio*. Aludía originariamente al hecho de mirar, de atender, de ser un espectador. La actitud teórica era la actitud frente al mundo que se caracterizaba por un dirigirse a la realidad con el único objetivo de que esta se mostrase tal y como es, sin otra pretensión, sin buscar resultados, independientemente frente a todo otro objetivo. La motivación de la teoría era el amor a la realidad, el deseo de escuchar la voz de las cosas, de que estas nos revelen su verdadera naturaleza, de que sean lo que son y se nos muestren tal y como son. La actividad teórica era la manifestación más elevada de respeto hacia la realidad.

4. Como se deduce de lo ya expuesto, otra característica de esta mirada es que únicamente ella *nos pone en contacto con lo significativo, con lo valioso, con el sentido*. Pues solo una dimensión que no precisa ser justificada, que posee un valor absoluto e incondicional, puede justificar o dotar de sentido a todo lo demás, a todas las dimensiones de la existencia. La contemplación nos pone en contacto con el fundamento (el alfa y omega de la vida), con la dimensión gratuita e incondicional de la realidad, la única que revela la verdad, el bien, la belleza, la plenitud ontológica y el sentido de las cosas. Esta dimensión se nos desvela al contemplar, es decir, al amar la verdad por sí

misma, el bien por sí mismo, la belleza por sí misma, al afirmar la vida por sí misma.

5. Otra particularidad de la contemplación es que *es la fuente de la visión verdadera, de la intuición, del conocimiento íntimo de las cosas.*

Theoria, decíamos, es el término griego equivalente al latino *contemplatio*. Pues bien, ambos términos eran, a su vez, equivalentes a otro vocablo latino, *intueri* («mirar, cognición inmediata»), del que procede el término «intuición». Para la visión clásica, no solo los sentidos y la razón discursiva son nuestros medios de conocimiento del mundo y de nosotros mismos; hay un modo de conocimiento directo de la realidad que alcanza la esencia de las cosas. La Antigua Grecia denominó a este modo privilegiado de conocimiento *nous* (espíritu e inteligencia pura, de la que procede la intuición intelectual); la filosofía medieval de ascendencia neoplatónica y el pensamiento místico, *intellectus*. Se postula entonces una estructura tripartita del conocimiento: el conocimiento sensible –*oculus carnis* (Hugo de San Víctor), *lumen exterior* (San Buenaventura) –; el conocimiento racional –*oculus rationis*, *lumen interior*–; y, por último, la contemplación o intuición trascendente –*oculus contemplationis* o «tercer ojo», *lumen superior*, *intellectus* o *apex mentis* (Maestro Eckhart) –. Para el pensamiento clásico, al igual que para las sabidurías orientales, el centro del ser humano no es su razón discursiva, sino el *nous*, *intellectus* o conciencia pura.

La intuición es la mirada del «corazón» (símbolo tradicional del núcleo de nuestro ser) que nos pone en contacto directo con las cosas, que nos permite captar la realidad internamente, tal como es. El conocimiento directo que proporciona esta mirada es muy distinto del conocimiento filtrado por la memoria y el pensamiento discursivo. Confundir ambos modos de conocimiento ha dado lugar a una filosofía cerebral, que no nos arraiga en la realidad, sino que nos enajena de ella enredándonos en la trampa del lenguaje. La razón tiene que desarrollarse hasta su final, pero tiene límites, necesita ser iluminada por la intuición superior. Esta última nos previene de las astucias de la razón, pues todo, hasta lo más pernicioso, puede ser justificado «racionalmente».

Esta relevancia de la intuición tendió a relegarse progresivamente en la filosofía occidental moderna y contemporánea. Es significativo que, para buena parte del pensamiento filosófico reciente, los sentidos y la razón discursiva sean las únicas fuentes legítimas de conocimiento. Las filosofías sapienciales de otras culturas, en cambio, han mantenido vivo hasta el presente el lugar central de la intuición, del saber del corazón; por eso no son filosofías cerebrales, sino que conciernen al ser humano total.

Ahora bien, hay excepciones, en la filosofía occidental moderna y contemporánea, a la relegación progresiva de la intuición como forma no solo legítima de conocimiento, sino como la única con pleno alcance filosófico. Pondremos dos ejemplos. Spinoza, filósofo holandés del siglo XVII, distinguía entre imaginación, razón e intuición intelectual, y consideraba que esta última es la única que alcanza la esencia de las cosas singulares. A su vez, Henri Bergson, filósofo francés y premio Nobel, sostenía que hay dos modos de conocer una cosa: la inteligencia, que da vueltas alrededor de ella, y la intuición, que entra dentro de ella.

> «Los filósofos están de acuerdo, a despecho de sus divergencias aparentes, en establecer una profunda distinción entre dos modos de conocer una cosa. La primera implica dar vueltas alrededor ella, la segunda entrar dentro de ella. La primera depende del punto de vista elegido y de los símbolos empleados, mientras que la segunda no tiene punto de vista y no descansa en ningún símbolo. El primer modo de conocimiento compete a lo relativo, el segundo, allí donde es posible, a lo absoluto».
>
> «Un absoluto sólo puede ser dado a la intuición, mientras que el resto compete al análisis. Llamamos intuición a la simpatía por la cual uno es transportado al interior de un objeto en orden a coincidir con lo que hay de único y consecuentemente de inexpresable en él».[23]

La inteligencia da vueltas alrededor de una cosa, es decir, es un conocimiento que se basa en comparar, recordar, reorganizar, en poner lo conocido en relación con otras cosas conocidas. Según Bergson, la inteligencia deforma la realidad: trasmuta en una pluralidad de seres fijos y separados la continuidad y el flujo de lo real. La inteligencia es el instrumento del saber científico; tiene un valor instrumental, pero no permite captar la esencia de las cosas. La intuición, en cambio, es el único fundamento de la metafísica, pues capta lo real desde dentro, el ser en cuanto tal. La intuición es «la visión directa del espíritu por el espíritu [...]. Intuición significa, pues, por encima de todo, conciencia, pero conciencia inmediata, visión que apenas se distingue del objeto visto, conocimiento que es contacto y hasta coincidencia».[24]

6. Estas últimas palabras de Bergson describen otra característica de la contemplación: la visión directa de lo profundo del ser *nos revela que el sujeto no está separado del objeto y, más genéricamente, que la realidad es «no-dual»*. Solo para dicha visión puede tener lugar la reconciliación de los opuestos.

7. La contemplación, por último, es también *la fuente del conocimiento de nuestra propia naturaleza, de nuestro sí mismo*.

Nos encontramos con una limitación grave en las aproximaciones occidentales al ser humano, tanto en la Psicología como en la Filosofía, debido al punto de vista dualista que se ha impuesto. Pues si la dualidad sujeto-objeto se considera irreductible, y, por consiguiente, el conocimiento es siempre conocimiento de objetos, ¿cómo responder a la cuestión básica «quién soy yo» o a la pregunta por el sentido de la vida? El pensamiento occidental ha pasado por alto, con demasiada frecuencia, la distinción entre la conciencia –sustrato permanente de nuestra vida consciente– y el contenido siempre cambiante de ella. Nuestras emociones, pensamientos, impulsos, imágenes, nuestro cuerpo, nuestro autoconcepto, etcétera, son contenidos de conciencia que experimentamos, que atestiguamos. El sí mismo es la conciencia testimonial o el concienciar en sí. Sorprendente que la psicología occidental casi no haya considerado este hecho decisivo, que haya confundido el yo con ciertos contenidos de conciencia –los contenidos y estructuras psíquicas que supuestamente nos proporcionan un sentido de identidad y que forman parte de la representación que cada individuo tiene de sí–. Nuestro más radical sí mismo es evasivo para esta conciencia dualista, que hace del yo un objeto, pues no puede ser conocido como tal objeto, sino únicamente sido, vivenciado como presencia despierta, como sentido puro de ser y como conciencia pura.

Afortunadamente, esta situación está cambiando. Algunos desarrollos de la psicología comienzan a advertir la importancia del cultivo de un estado de atención que no se identifica con contenido de conciencia alguno, y se están abriendo a la práctica del *mindfulness*, de la «atención plena», es decir, a la meditación (el equivalente oriental de la contemplación) desgajada de los elementos culturalmente condicionados asociados a sus prácticas tradicionales. Pero esta introducción es tímida allí donde el *mindfulness* se plantea, ante todo, como un instrumento terapéutico, lo cual reduce y distorsiona el sentido y el alcance genuinos de la meditación oriental. Pues, ciertamente, si se asumieran con radicalidad los presupuestos que dan sentido a la práctica meditativa, se produciría una revolución en los cimientos mismos de la psicología, en su gnoseología y en su concepción del ser humano y el mundo. Esta disciplina se vería abocada a retomar algunos postulados de las filosofías sapienciales.

En primer lugar, el de que el yo, si bien no puede ser objeto de estudio, es decir, conocido como un objeto, puede alcanzar un conocimiento de sí mucho más radical: un conocimiento por identidad en que el sujeto sabe de sí siendo sí mismo, siendo uno con su propia realidad.

En segundo lugar, el de que conocemos porque de alguna manera somos lo conocido, porque «el alma es, en cierto modo, todas las cosas»[25] (Aristóteles); una afirmación que carece de sentido dentro del esquema dualista que fundamenta la ciencia psicológica. En otras palabras, implicaría asumir el supuesto de la unidad básica de lo real, es decir, que nuestra conciencia es coextensiva con todo lo que es. Cuando trascendemos nuestro autoencierro mental, el yo ilusoriamente objetivado, nos situamos en ese «centro que está en todas partes y cuya circunferencia está en ninguna».[26] Nuestro yo individual ya no es el punto de partida de toda experiencia. La conciencia ya no parte del yo individual pensante y del yo individual hacedor, sino del Ser como una realidad más originaria que la dualidad sujeto-objeto, a la que, a su vez, abarca.

Implicaría retomar, por último, el supuesto de las tradiciones sapienciales de que habitualmente estamos dormidos, de que pocas veces nos encontramos frente a frente con la realidad desnuda. Cuando no hemos despertado a nuestra conciencia testimonial y confundimos nuestra identidad con el yo objetivado, pensado, el que definen los otros y la cultura, y el que define cada cual para sí mismo, actuamos, literalmente, en un estado de hipnosis o de trance, como si fuéramos lo que nuestros padres y la cultura nos han dicho que somos, y lo que nosotros mismos nos decimos que somos y que deberíamos ser. Solo cuando salimos de ese trance podemos tener una experiencia absolutamente directa e inmediata de nosotros mismos, más allá del filtro subjetivo de imágenes, ideas, creencias, hábitos, memorias de nuestra historia personal, etcétera. Solo entonces podemos alcanzar una visión despierta del mundo. Aflora una percepción clara y precisa de la gente, una viveza totalmente nueva en la visión del entorno. El mundo exterior deja de ser el telón de fondo de nuestra fantasía mental.

Contemplación, acción y compromiso

Hemos enumerado algunas de las características que justifican la primacía y centralidad de la contemplación para la tradición clásica de Occidente, y, más ampliamente, para las tradiciones sapienciales.

Ahora bien, ¿es posible reconocer la prioridad y nobleza de la contemplación, que no hay dignidad mayor para el ser humano que «cantar lo que es», sin por ello conceder a la vida activa un estatus inferior o secundario? ¿No puede ser la contemplación la fuente misma de la acción y del compromiso activo? Más aún, en un mundo dominado por el activismo, por la obsesión con la eficiencia, ¿la acción no puede abandonar su carácter excéntrico y enajenante y redescubrirse también como una forma de contemplación?

La contemplación como fuente del compromiso

Hemos visto cómo en la contemplación tiene lugar un autodescentramiento. La conciencia testimonial nos saca de nuestro encierro mental, de la contracción sobre nosotros mismos, de la identificación con nuestro yo pensado, y ello nos permite ver y atender a las cosas en sí mismas. Nos reconocemos uno con lo contemplado, con todo lo que es. Por tanto, desaparece la dualidad básica e ilusoria entre yo y el mundo, entre nuestro bien y el bien de todos los seres. Descubrimos vivencialmente que el genuino bien de todo y de todos no es distinto de nuestro propio bien. Mas, ¿no es esta intuición la base del compromiso?

En efecto, la contemplación equivale, de hecho, al compromiso total.

Es así, en primer lugar, porque, insistimos, *la práctica contemplativa nos revela que un yo aislado es una ficción*. Un yo que olvida el tú, que no vivencia agudamente su hermandad esencial y su interdependencia con todos los seres humanos y con todas las formas de vida, en ningún caso es un yo despierto. No hay contemplación sin conciencia de esta interdependencia, y, por consecuencia, sin solidarizarnos activamente con el mundo que nos rodea.

La contemplación es la fuente del compromiso, en segundo lugar, porque *solo desde ella es posible ser «responsable»* (del latín *responsum*, forma latina del verbo responder): solo desde ella es posible responder total y adecuadamente a cada situación y reto presentes. En la contemplación no estamos identificados con nada, ni apegados a nada (a nuestra autoimagen, a nuestras concepciones sobre cómo son y deberían ser las cosas, etcétera), y por ello tenemos soltura y, por tanto, disponibilidad y flexibilidad plenas para responder a lo que cada momento y situación requiere, a los retos de la existencia. Es un estado de atención no identificada que proporciona máxima eficacia en la acción.

La contemplación es la raíz del compromiso, en tercer lugar, porque *únicamente desde la contemplación la acción es del todo y para el todo*. No podemos responder adecuadamente cuando no somos transparentes y uno con lo que es, cuando nos vivenciamos como un yo autoclausurado, condicionado, arraigado en el pasado, en el miedo y en el deseo, identificado con sus opiniones personales, con sus ideas particulares sobre cómo tendrían que ser las cosas, confundido con sus emociones... Desde ahí, nuestra supuesta responsabilidad y compromiso peligran con ser una fuente de injerencia y de desorden, porque nuestra acción será ciega en su parcialidad. Por eso, como afirmaba Nisargadatta, «una persona que cree saber lo que es bueno para las demás es peligrosa».[27] Por ejemplo, una persona políticamente apasionada que no se conoce a sí misma, que, sin saberlo, está actuando desde sus múltiples condicionamientos de toda índole, puede, en efecto, ser peligrosa, y tenemos sobradas muestras de ello.

En la práctica contemplativa comprendemos, asimismo, desde la conciencia plena de la unidad de la vida, que *nuestra transformación transforma el mundo*. Tenemos la certeza íntima de que «lo que me hace feliz te hace feliz, de que lo que es bueno para mí es bueno para ti, de que lo que me hace crecer te hace crecer, de que lo que me empobrece, empobrece el mundo». Confiamos en que ofreceremos nuestros mejores dones a los demás y a la vida si somos fieles a nuestro propio corazón, a lo que es para nosotros una fuente de sentido y de contentamiento profundos –ese corazón que no puede entrar en conflicto con el bien de la totalidad porque es el único corazón de todo lo que es–. Evitamos, de este modo, la trampa de la utilidad: la que nos lleva a confundir el compromiso con el activismo inquieto, con la enajenación «ayudadora», con la reactividad ante las urgencias y demandas inmediatas que elude la escucha de la dirección que reclama nuestro fondo, o con la consagración a «lo social» una vez perdidas las llaves de nuestra propia interioridad (en un intento de *llenar con «causas» nuestro propio vacío)*.

La contemplación es indisociable del compromiso, por último, porque nos permite entender que *el cambio no equivale, sin más, a la transformación visible*. La contemplación no solo no es distinta de la acción, sino que es la forma más elevada de acción, la acción por excelencia. Es la acción más activa –como afirmaba Aristóteles–, por más que parezca todo lo contrario desde una consideración superficial. Toda transformación visible con sentido se origina en una toma de conciencia. Este movimiento invisible constituye, por tanto, el corazón y la esencia misma de la acción. Ver, tomar conciencia, es decir, un pequeño «cambio en el corazón», es la semilla, la fuente y el motor de toda genuina transformación.

> «¡Es usted tan incurablemente funcional! A menos que haya movimiento, desasosiego, alboroto, usted no lo llama acción. El caos es el movimiento por el movimiento. La verdadera acción no desplaza, transforma: un cambio en el corazón es acción [...] La acción es desconocida, oculta, incognoscible. Sólo puede conocer su fruto»[28] [Nisargadatta].

El cambio verdadero, la verdadera transformación, no es visible; son visibles sus frutos. Y, con respecto a estos últimos, no podemos conocer el modo, el tiempo y la manera en que irrumpirán y se desplegarán, ni siempre van a hacerlo en formas que podamos controlar y comprender.

El activismo que desconfía de la contemplación

El activismo que desconfía de la contemplación identifica acción con movimiento visible, con cambio visible e inmediato. Confunde la acción con sus frutos (o con algunos de sus frutos posibles). E identifica el compromiso con la implicación exclusiva en este tipo de acción visible.

De esta concepción reduccionista de la acción se derivan, por tanto, concepciones unívocas y también reduccionistas del compromiso. Por ejemplo, se equipara el compromiso con la movilización sociopolítica activa. No hay duda de que esta última es una dimensión importantísima del compromiso, desatendida, injustificadamente, por las religiones en el pasado y, sin la cual, la caridad, la justicia y la hermandad se relegan a un limbo dudoso de buenos sentimientos sin efectos transformadores y estables en la sociedad humana. Pero ¿es esta la única dimensión del compromiso? ¿Cómo esta mentalidad explica, por ejemplo, la influencia profundamente transformadora, en la vida de muchas personas, de tantos individuos que optaron por llevar, durante periodos de tiempo significativos, vidas solitarias? Pensemos, entre los numerosos ejemplos posibles, en Thoreau (sus reflexiones, muchas de ellas fruto de la vida retirada en contacto con la naturaleza, tuvieron una decisiva influencia en revolucionarios pacíficos como Mahatma Gandhi o Luther King), o en sabios como Nisargadatta o Ramana Maharshi, que decidieron llevar vidas anónimas, pero cuyas palabras, sin ellos pretenderlo, han iluminado a numerosos hombres y mujeres en todos los rincones del planeta.

El activismo disociado de la contemplación es reflejo del yo dualista, del yo autoclausurado que se cree el centro y que considera que lo que él haga o deje de hacer resulta decisivo. En esta línea, aludiendo a los movimientos anticontemplativos y revolucionarios cristianos, sostenía Thomas Merton:

> «En este contexto, pues, el concepto de yo como centro de decisión muy presente y concreto tiene considerable importancia. Nos concierne notablemente lo que estamos pensando, diciendo, haciendo y decidiendo, aquí y ahora. También nuestros compromisos actuales, con quién estamos, contra quién estamos, a dónde creemos que vamos, qué pancarta agitamos y por quién votamos: todo esto es de la mayor importancia... De esta clase de

> hombres no esperemos ni paciencia ni comprensión hacia el misticismo. Sentirán la irresistible tentación de rechazarlo por ocioso y tal vez por no-cristiano. Yo, a su vez, me pregunto si lo que ellos están desarrollando no acabará en un nuevo tipo de conformismo: más dinámico, novedoso, menos dogmático... ¡Pero siempre conformismo!».[29]

La crítica de Merton no es ciega al valor de la acción social y políticamente comprometida. Se dirige únicamente al reduccionismo que atiende solo a la acción visible, y no a la fuente de la acción; que olvida que el hacer deriva del ser, que la acción arraiga en la contemplación, y *que* «quienes no tienen grande el ser, cualquier obra que ejecuten, no dará resultado»[30] (Maestro Eckhart).

En su *Guía espiritual,* Miguel de Molinos invita, en esta línea, frente al activismo inquieto y desordenado disfrazado de celo por las almas, a ocuparse ante todo de la fuente de la acción, la que garantiza la pertinencia, calidad y madurez de esta última, así como que dicha acción surge realmente de un yo maduro y desapegado de sí mismo que no busca en sus obras su propia autoafirmación y su propio interés.

> «Pero si el celo de las almas es indiscreto, es de notable impedimento para la subida del espíritu.
>
> »Apenas te verás con nueva luz fervorosa cuando querrás emplearte toda en el beneficio de las almas, y corre mucho riesgo no sea amor propio lo que a ti te parecerá puro celo. Suele éste

> revestirse de un desordenado deseo, de una vana complacencia, de una afectación industriosa y estimación propia, enemigos todos de la paz del alma.
>
> »[...] El verdadero celo de las almas que has de procurar ha de ser el amor puro a tu Dios; este es el fructuoso, el eficaz y el verdadero, y el que hace milagros en las almas, aunque con voces mudas. [...] No entiendas estar en este estado ociosa: hace mucho quien en todo atiende a cumplir la divina voluntad. El que atiende a sí mismo por Dios hace el todo, porque vale más un acto puro de interior aceptación que ciento y aun mil ejercicios por propia voluntad».[31]

> «Más te importa a ti estarte quieta en el santo ocio que hacer muchas y grandes cosas por tu propio juicio y parecer. No creas que las grandes obras que hicieron y hacen los grandes siervos de Dios son obras de su industria».[32]

Por último, el activismo que elude la contemplación está en la base del pseudocompromiso sentimental y reactivo. Sin conciencia testimonial, necesariamente resistiremos y no podremos asumir aquellas dimensiones de la realidad, exteriores o interiores, que no encajan con nuestras expectativas, juicios y conceptos, pues estaremos identificados con estos últimos. También resistiremos nuestro dolor, pues nos identificaremos con él y, consiguientemente, nos abrumará. La necesidad compulsiva de ayudar surge, con frecuencia, de la imposibilidad de asumir esas dimensiones de la realidad o esos sentimientos en nosotros mismos. Este es también el origen de la falsa compasión. Cuando no hemos aceptado, afrontado y comprendido nuestro propio sufrimiento, sigue en nosotros no resuelto. Esta negación conduce a la proyección: lo proyectamos en el exterior, donde, de forma apremiante, necesitamos eliminarlo cuanto antes, con el mismo apremio con el que lo reprimimos en nosotros mismos. No podemos asumir el dolor en nosotros ni fuera de nosotros. Y esto nos incapacita para ayudar con centramiento y lucidez. Quienes «necesitan» ayudar (que no son quienes, sin más, ayudan) en el fondo están proyectando en los demás la necesidad que tienen de su propia ayuda.

Sin conciencia testimonial, en efecto, actuamos –más propiamente, reaccionamos– desde nuestras opiniones personales y emociones: desde nuestro sufrimiento no resuelto, desde la hostilidad, la ira, la impaciencia, etcétera. Por ejemplo, hay quienes se hallan en un estado crónico de enfado con el mundo, porque este no es como ellos creen que debería ser, y consideran que su alteración es un signo de la profundidad de su compromiso, de la altura de sus ideales. Pasan por alto que hay una diferencia decisiva entre actuar desde nuestro sentido de la justicia y reaccionar desde la ira. Si reaccionamos desde la ira, responderemos sin serenidad y discernimiento, y cometeremos una injusticia con el fin de equilibrar otra. Habremos asumido la creencia errónea de que necesitamos este tipo de pasiones para actuar con firmeza, cuando lo único que ha de movilizarnos es nuestro sentido de la justicia, de la verdad, de la belleza y del bien; un sentido con el que nos pone en pleno contacto la contemplación.

La contemplación sin compromiso

Si la acción y el compromiso sin contemplación son parciales y, en ocasiones, peligrosos, la contemplación sin compromiso es ficticia; tampoco supera la conciencia dualista.

La contemplación sin compromiso es mero ensimismamiento. Se confunde el estado de transparencia, en el que somos uno con todo lo que es, con el autoencierro en la propia subjetividad, en estados internos más o menos difusos que no nos sacan realmente de nosotros mismos.

O bien se confunde la genuina contemplación con la contemplación selectiva y excluyente, que no atiende al todo de lo real.

O se incurre en la contemplación dualista, que no ha integrado el sujeto y el objeto, la unidad y la diferencia, la quietud y el movimiento, el vacío y la forma, el yo y el tú; que no ha advertido que todo ello es no-dual, y que la contemplación del cielo metafísico no es diferente de la atención a la tierra, pues los fenómenos, el devenir y todas las cosas son los rostros visibles de lo Uno.

En su obra *Filosofía y poesía*, María Zambrano contrapone la actividad filosófica y la poética. El filósofo –afirma– se admira ante lo inmediato, pero luego se lanza a otra cosa, abandona la inmediatez de la vida, menospreciando la heterogeneidad, la multiplicidad, lo que es impermanente, en busca de la unidad del ser. El poeta, en cambio, no procede así, porque ama cada realidad concreta, todo lo que es y podría ser, todas y cada una de las cosas y sus matices, cada instante en su singularidad, en su fragilidad y fugacidad.

Considero que lo que afirma Zambrano de la filosofía no es trasladable a las filosofías no-duales y a la espiritualidad no-dual. Para las tradiciones no-dualistas, la mirada sabia se dirige a lo radical y a lo total, sí, pero lo ve en lo concreto. La mirada contemplativa ve plenamente el árbol, la piedra, el rostro, el dolor… en todos sus matices, en su maravillosa singularidad; no es una mirada difusa o evanescente. Ve lo más profundo en la epidermis del mundo, lo ilimitado en lo limitado, lo más evasivo para nuestra mente objetivadora en lo inmediato, lo universal en lo singular.

Es cierto que en el camino contemplativo suele haber una fase aparentemente dual: la que conduce desde la identificación con el yo objetivo al reconocimiento del vacío inobjetivable que somos en nuestro mismo centro; la que conduce desde la forma del mundo hasta el vacío que lo sostiene. Pero esta fase es una transición, pues al reconocernos como una nada de objetividad, como conciencia pura ajena a límites y demarcaciones, desaparece el límite ilusorio entre yo y los demás, entre el yo y las cosas, y nos descubrimos siendo uno con todo lo que es, experimentando la más perfecta intimidad con todas y cada una de las expresiones de la vida

«El mundo es ilusorio (en su apariencia autónoma y sustancial). Sólo *Brahman* es real. *Brahman* es el mundo» (Ramana Maharshi). Las formas de contemplación dualistas no cierran este círculo integrador, no dan el tercer y último paso.

Conclusión

El activismo no supera la conciencia dualista; la contemplación ensimismada, tampoco. La contemplación genuina es no-dual. No hay dilema, por tanto, entre contemplación y acción, entre mística y compromiso.

La contemplación es el corazón mismo de la acción, la fuente del genuino compromiso.

Cuando habitamos en esta conciencia no-dual, la disyuntiva entre la contemplación y la entrega a las actividades de la vida desaparece:

Permanecemos en el centro sereno del Ser, estando, a su vez, totalmente implicados en la actividad. Esta acción, en muchas ocasiones, precisará ser contundente, firme y enérgica, pero surgirá siempre desde un trasfondo de quietud.

Luchamos por la paz desde la paz, y no esperando que esta venga a través de nuestra acción. Contribuimos a que haya más paz a través de nuestras obras, pero dejamos de fantasear con que habría paz y justicia perfectas si el mundo cambiara, pues nunca habrá paz ni justicia duraderas en las circunstancias de este mundo.

Actuamos desde la felicidad, y no esperando a ser felices cuando el mundo cambie.

Actuamos desde la aceptación serena de lo que es, pero sin por ello resignarnos a las situaciones desfavorables o forzarnos a que nos gusten. Pues aceptar no significa aprobar ni ser autocomplacientes: se acepta el dolor, pero se emprenden acciones para modificar las circunstancias que lo ocasionan cuando ello es posible y necesario.

Tenemos una actitud de contentamiento y de ecuanimidad básica ante la vida, pero participando a la vez, intensamente, en sus alegrías y placeres, y siendo agudamente conscientes de su dolor. Si no sentimos dolor al contemplar tantas facetas de este mundo, es que no lo miramos bien.

Entendemos que el silencio no es la cesación de la palabra, sino su trasfondo. Que es compatible la quietud interior y la acción diligente; el contentamiento interior y la denuncia; la serenidad y el enfado enérgico puntual ante una situación que requiera nuestra firme intervención –lo que no equivale a instalarse en el enfado–, pues hay una «ira que surge sin ira» (Chuang Tzu).

Advertimos que podemos tener una actitud básica de contemplación desapegada, sonriente y compasiva, como espectadores maravillados, de la totalidad de lo que es, del sueño de la existencia, del teatro de la vida, y que, a la vez, nuestro yo fenoménico puede ser un personaje dentro de esa obra que lucha apasionadamente por cambiar lo que puede ser cambiado.

Entendemos que podemos iniciar acciones instrumentales orientadas a la consecución de objetivos concretos –el tipo de acciones que constituyen buena parte de nuestro día a día– y, simultáneamente, convertir cada momento de dichas acciones en un fin en sí mismo, en un acto contemplativo, en una ofrenda, si ponemos en nuestras obras, a cada instante, nuestra mejor presencia, sabiendo que esto es lo único que nos compete, y permanecemos desapegados de los resultados de estas y de nuestro «yo hacedor».

Todo esto son paradojas, si bien en ningún caso hay disonancia o incompatibilidad entre las notas que hacen posible esos acordes. Pero esto solo se puede comprender y experimentar desde la contemplación no-dual.

A la luz de lo expuesto, y retomando el inicio de nuestra exposición, comprendemos que no se trata de elegir entre Marta y María, pues el compromiso activo y el servicio son necesarios. El problema no es que Marta estuviera ocupada en lugar de estar sentada a los pies de Jesús, sino que, como afirma el Evangelio, «estaba inquieta y preocupada por muchas cosas». Actuaba desde la inquietud y desde la preocupación, cuando su servicio dinámico y diligente podía haber sido, en sí mismo, un acto de serena contemplación.

En efecto, María había elegido lo único necesario, la mejor parte; pero no porque el servicio constituya la peor parte, sino porque, desde la contemplación no-dual y amorosa, la acción y el servicio oportuno se seguirán necesariamente de una forma sabia, adecuada y total, la que requiera cada situación. Desde la perspectiva no-dualista, por tanto, afirmar la prioridad de la contemplación no rebaja el estatus de la acción, sino que la torna de su misma naturaleza. Y ello sin solución de continuidad, pues, como sostenía Tomás de Aquino, la acción iluminada por la visión de lo real, la acción inspirada o la acción ofrendada, es el verterse en amor de la sobreabundancia adquirida en la contemplación.

Maestro Eckhart, en su deseo de subrayar la ilusoriedad de la oposición entre vida contemplativa y vida activa, interpreta de forma libre e insólita el relato evangélico.[33] No opta por María sino por Marta, a la que considera más sabia y realizada, pues «era tan íntegra que su actuar no le afectaba».[34] Dado que poseía –afirma el místico alemán– una «virtud madura y firme, y un espíritu libre, [estaba] liberada de todas las cosas».[35] Las cosas no la afectaban, el devenir no la descentraba; podía entregarse a él, sin ser de él. Ya no buscaba en directo el deleite del arrebato contemplativo, ni pretendía escaparse de las obras. Plenamente integrada, contemplaba actuando, y servía contemplando.

A esta luz, también la risa de la joven tracia se nos revela ahora como una risa sabia. No es una burla de la contemplación, proveniente de quien no ve más allá de lo inmediato, sino solo cálida ironía –«ironía de buen tono», como expresa Platón en su relato– ante la contemplación dualista y desintegrada simbolizada en el desliz de Tales.

El mundo antiguo y medieval supo comprender la grandeza de la contemplación, pero no siempre comprendió con la misma lucidez lo que en la India denominan *karma yoga* (yoga de la acción): que incluso las acciones más sencillas y cotidianas pueden ennoblecerse y empaparse de la dignidad de la contemplación. A su vez, el Occidente moderno ha querido recuperar la dignidad de la acción, pero, sin superar el paradigma dualista, se ha vuelto inquieto, disperso y errático, pues lo ha hecho a costa de desatender la fuente y raíz de toda acción con hondura y sentido: la contemplación.

Notas

1. Texto basado en la conferencia que impartí en el II Foro de Espiritualidad Aletheia 2012. «Mística y compromiso. El arte de vivir lo que somos en lo cotidiano».
2. Platón. *Teeteto*, 174 a-b, *Obras Completas*. Aguilar, Madrid, 1969, pág. 914. Diógenes Laercio relata así la anécdota: «Refiérese que, habiéndole una vieja sacado de casa para que observase las estrellas, cayó en un hoyo, y como se quejase de la caída, le dijo la vieja: "Oh, Tales, tú presumes de ver lo que está en el cielo, cuando no ves lo que tienes a tus pies"». *Vida de filósofos ilustres*. Omega, Barcelona, pág. 14.
3. El término latino *negotium* designaba todo lo que no es ocio, es decir, significaba actividad útil o productiva, ocupación, trabajo.
4. Aristóteles. *Metafísica*. I, 1, 982b, 22-24.
5. Aristóteles. *Metafísica*. I, 1, 981b, 23-25.
6. Este ideal griego del ocio contemplativo, latente en la palabra *skholè*, se desdibuja en el término latino *otium*, que designa por igual el ocio dedicado a la contemplación –*el otium cum dignitate* (Cicerón)–, la distracción o el entretenimiento, o la simple inactividad.
7. Aristóteles. *Metafísica*. I, 2, 982a, 14-16.
8. Aristóteles. *Ética a Nicómaco*. X, 7, 1177b, 54-56.
9. Aristóteles. *Ética a Nicómaco*. X, 7, 1177b, 27.
10. Aristóteles. *Metafísica*. I, 2, 982b, 28 y 29.
11. Otto, Walter F. *Teofanía*. Sexto Piso, México, 2017, pág. 41.
12. *Ibidem*.
13. Epicteto. *Disertaciones por Arriano*. Gredos, Madrid, 1995, I, XVI, 22-15, pág. 106.
14. Cf. Pieper, Josef. *El ocio y la vida intelectual*. Rialp, Madrid, 2003.
15. «Traditional mysticism has been contemplative, convinced of the unreality of time, and essentially a lazy man's philosophy». *The Basic Writings of Bertrand Rusell*. Routledge, Nueva York, 2009, pág. 275.
16. Nietzsche, Friedrich. *Humano demasiado humano*. V, 283 y 284.
17. Aristóteles. *Metafísica*. I, 2, 982b, 12-13, 20-21.
18. Heidegger, Martin. *¿Qué es metafísica?*, versión de Xavier Zubiri. Alpe, Buenos Aires, 1955, pág. 68.
19. A. H. Johnson. *Whitehead's Theory of Reality*. Dover Publishing, Nueva York, 1962, pág. 3.
20. *Comentario a la Metafísica de Aristóteles*. I, 3.
21. Thoreau, Henry David. *Walden*. Cátedra, Madrid, 2014, pág. 133.
22. Wilde, Oscar. *La decadencia de la mentira*. Siruela, Madrid, 2001, pág. 63.

23. Bergson, Henri. *Introducción a la Metafísica*. UNAM, México, 1960, págs. 9 y 11.
24. Bergson, Henri. *El pensamiento y lo moviente*. Espasa Calpe, Madríd, 1976, cap. II, pág. 31.
25. Aristóteles. *De anima*. III, 8, 431b, 21.
26. *Libro de los veinticuatro filósofos*. II. Siruela, Madrid, 2000, pág. 47.
27. Nisargadatta. *Yo soy eso*. Sirio, Málaga, 1988, págs. 173 y 174.
28. *Ibidem*, pág. 574.
29. Merton, Thomas. *El zen y los pájaros del deseo*. Kairós, Barcelona, 1994, págs. 44 y 45.
30. Maestro Eckhart. *Tratados y sermones*. Edhasa, Barcelona, 1983, pág. 91.
31. Molinos, Miguel de. *Guía espiritual. Defensa de la contemplación*. II, 3. Barral, Barcelona, 1974, págs. 142 y 143.
32. *Ibidem*, II, 4, pág. 144.
33. Cf. Maestro Eckhart. *El fruto de la nada*. Siruela, Madrid, 1998, págs. 103-111.
34. *Ibidem*, pág. 110.
35. *Ibidem,* pág. 109.

Una pasión contemplativa

Mi camino de amistad con el desierto

Pablo d'Ors (Madrid, 1963), nieto de Eugenio d'Ors, discípulo del monje y teólogo Elmar Salmann. Graduado en Nueva York, estudió Filosofía y Teología en Roma, Praga y Viena -donde se especializó en germanística-, y se doctoró con la tesis *Teopoética: Teología de la experiencia literaria.* Ordenado sacerdote en 1991, desarrolla labor evangelizadora y social en Honduras, y compagina su trabajo pastoral con la docencia de Dramaturgia y de Estética Teológica en diversos centros superiores de España y Argentina. Tras conocer al jesuita Franz Jalics, en 2014 funda la asociación Amigos del Desierto (www.amigosdeldesierto.org), cuya finalidad es profundizar y difundir la contemplación desde una cepa cristiana. Poco después es nombrado consejero del Pontificio Consejo de la Cultura por designación expresa del papa Francisco.

En su trayectoria como novelista destacan: *Contra la juventud* (Galaxia Gutenberg, 2015), *El estupor y la maravilla* (Pre-Textos, 2007), *Andanzas del impresor Zollinger* (Anagrama, 2003), y la *Trilogía del silencio*, conformada por *El amigo del desierto* (Anagrama, 2009), *Biografía del silencio* (Siruela, 2012) y *El olvido de* sí (Pre-textos, 2013); este último es un homenaje a Charles de Foucauld, explorador de Marruecos y ermitaño en el Sahara, de quien se considera hijo espiritual.

Un necio no ve el mismo árbol que un sabio.

WILLIAM BLAKE

Tanto los místicos como quienes teorizan sobre su experiencia suscitan en el hombre común una cierta reserva, cuando no un declarado escepticismo y hasta una indulgente ironía. De la Modernidad en adelante, el humanismo se ha identificado con el espíritu racionalista y, en consecuencia, con la duda. Desde estos parámetros no puede extrañar que el misticismo levante ciertas sospechas. La dificultad para entender este tipo de acercamiento a la realidad; el frecuente carácter exaltado, o al menos extravagante, de quienes lo proponen; los fraudes o sucedáneos que proliferan; la inefabilidad del horizonte al que se apunta...: todo, en fin, contribuye a que lo que antes se llamaba «mística» y hoy designamos con el término «espiritualidad» no haya tenido en Occidente una buena prensa. Pese a todo, asistimos hoy, al menos en ciertos sectores de la cultura, a un renovado interés por la contemplación. Resumiré lo que personalmente he descubierto a este respecto en las doce tesis que siguen.

1. La aspiración secreta de todo ser humano es la unidad; la nostalgia de esa unidad es la base de todo misticismo.

Para evitar errores y facilitar el esclarecimiento, comenzaré definiendo la mística como el arte de la unión. De la unión primeramente del ser humano consigo mismo, puesto que lo más habitual es que nos sintamos escindidos (queremos una cosa y su contraria al mismo tiempo; pensamos ideas contrapuestas y hasta contradictorias; padecemos sentimientos ambivalentes y ambiguos). De la unión, también, del ser humano con sus semejantes, pues resulta evidente que estamos separados unos de los otros por causa de nuestras razas, sexos, ideologías... De la unión, en fin, del ser humano con Dios. A mi modo de ver, la aspiración secreta de todo ser humano es siempre la unidad. De ahí que todos tengamos ocasionalmente experiencias contemplativas aunque no lo sepamos, aunque no las llamemos así.

Si lo que he dicho hasta ahora es cierto, nuestro principal problema es entonces la división o separación, la fractura; porque habitamos en la oscuridad; esto es un hecho más o menos evidente, pero también lo es que aspiramos a la luz. Cierto que las tinieblas tienen su fascinación, y sucumbir a ella es la causa de su verdadero poder. Pero, aun en medio de la oscuridad más completa, aun en la fractura sin aparente solución, hay en toda persona una patente o velada nostalgia por la unidad. Esa nostalgia es la base de todo misticismo.

2. La llamada a la contemplación es universal.

Estoy persuadido de que todos estamos llamados a la contemplación y, más que eso, que solo en ella realizamos nuestra identidad más profunda y esencial. Así que a la universalidad de la llamada hay que unir ahora su radicalidad: hemos sido hechos para la visión, para la comunión, para ver lo que hay y unirnos a ello (o a Él), para ser uno con lo que fluye, que es la vida misma, y con lo que sostiene eso que fluye, ese Todo en el que todo se recapitula.

Esta afirmación presupone otras dos: el potencial contemplativo que existe en cada persona, por una parte, y, por la otra, el camino por el que esa potencia se traduce en actos, es decir, la apuesta por una pedagogía mística. Podemos entrenarnos en el misticismo y es muy conveniente que lo hagamos.

3. El horizonte de la contemplación es la simplicidad o unificación.

Toda pedagogía mística tiene como horizonte la unificación o simplificación del ser humano. El camino hacia esta meta se realiza mediante la síntesis. Así las cosas, místico es aquel que ha ido de lo múltiple a lo uno, de lo complejo a lo sencillo, tránsito que ha realizado mediante la operación contraria a la propia del trabajo intelectual, que es el análisis. En efecto, reflexionar o trabajar con las palabras implica necesariamente la capacidad analítica, esto es, la división del todo en partes. La meditación o práctica del silenciamiento, en contrapartida, implica necesariamente la síntesis, es decir, ese viaje de vuelta por el que se va de las partes al todo.

El cultivo mental, necesariamente lingüístico, debe ser completado y hasta superado por el cultivo espiritual, necesariamente silencioso. Así que, a mi modo de ver, el silencio es el territorio de la experiencia espiritual. Más aún: el silencio es el espíritu mismo, puesto que solo en el silencio, no en la imagen o en la palabra, es posible esa unificación a la que el corazón humano aspira.

4. El camino contemplativo supone una purificación de los sentidos y el afecto o la voluntad, esto es, una higiene mental y moral.

El peregrinaje de la palabra al silencio, de la mente a la conciencia podríamos decir también, o incluso de la cabeza al alma, es nocturno, es decir, supone dificultades. Los obstáculos externos son mínimos en comparación con los internos, o, dicho de otra manera, somos nosotros mismos la primera dificultad para acceder a nuestra verdadera identidad. Dejar las palabras atrás, en nuestro camino hacia el silencio, es para nosotros tanto como dejarnos a nosotros mismos atrás, y eso siempre resulta doloroso.

La mística cristiana clásica hablaba en este sentido de purificación de los sentidos y de purificación de la voluntad. De lo que se trata es de no poner nuestra confianza en lo que vemos, oímos, tocamos, olemos o saboreamos –nuestros sentidos–, un material con el que enseguida se pone a trabajar la mente; pero tampoco en nuestra voluntad –lo que deseamos–. El asunto consistiría en dejar pasar todo eso cuando advenga para, desasidos de nuestra interpretación de la realidad –que es lo que nos proporcionan primeramente los sentidos y luego la mente– y de nuestro estructural deseo de apropiación de esta –que es lo que nos proporciona la voluntad–, acceder a la realidad misma, donde nos espera el tesoro escondido.

5. Incluso la vía purgativa o mortificación supone cierta iluminación.

La purificación de los sentidos, como la de la voluntad, es lo que la mística clásica conoce con el nombre de «ascesis» o «mortificación». Este olvido de sí o pobreza espiritual que la mortificación supone no es, sin embargo, más que la primera fase de la contemplación. Pero las puertas de la percepción, como diría William Blake, nunca están del todo abiertas, lo que significa que siempre nos quedan cosas por purificar. En la medida en que se abren esas puertas, se accede a lo que llamamos iluminación, que es tanto como decir lucidez o luz interior. ¿Qué es lo que se ilumina? ¿Cómo se ilumina? ¿Qué produce esta metafórica luz? Ni siquiera emprenderíamos esta vía purgativa si no gozáramos ya, en nuestro espacio interior, de cierta luz. Dicho de otra forma: la nostalgia de unidad es ya la unidad misma trabajando en nosotros.

6. El descubrimiento de la unidad consiste en la experiencia de la realidad de lo Real y en la de una cierta fusión o ensamblaje con ella.

Lo que en la meditación profunda o en la oración contemplativa se descubre es que todos somos uno y que todo es uno. Se vislumbra –y «vislumbrar» es aquí un verbo particularmente pertinente– que las fronteras del propio yo no son tan nítidas ni tan estrechas como creíamos; que la vida está mucho más viva y palpitante de lo que habíamos imaginado. Vislumbramos que la separación entre lo de fuera y lo de dentro es desde luego aproximativa, por no decir directamente torpe e inoportuna. Se vislumbra, en fin, que todo sin excepción tiene un brillo y un color más auténticos.

Todo está bien, concluye el místico para sí, aun lo que parece mal. Nada se escapa de un misterioso plan, concluye también. El agraciado con una experiencia mística no la cambia, por ello, por ninguna otra. Sabe que las cosas no entran en las categorías que hasta entonces se ha hecho de ellas y que, de algún modo, ha llegado a su patria, que está llegando. Y que su patria no es tanto un lugar como él mismo, su propia identidad.

7. Todo lo sencillo y solo lo sencillo es espiritual.

Todo lo escrito hasta aquí puede parecer muy extraño, y sin embargo es extremadamente sencillo. Solo lo sencillo es espiritual, o, dicho de otro modo, todo lo espiritual es sencillo. Cuando entramos en esta simplicidad nos damos cuenta de que hay mucho más de lo que parece, que lo que aparece es solo una pequeña parte de lo real, porque todos tenemos la ilusión de creer que vemos el mundo, pero el mundo es mucho más grande y hermoso de lo que creemos ver. El contemplativo ve colores, oye sonidos, siente temperaturas y gusta sabores de los que el hombre común está privado y, más que eso, no puede ni sospechar. Aunque mi experiencia sea limitadísima, contemplar es ver que todo está vivo, que el mundo es más brillante y el paisaje más amplio. Que los árboles, por ejemplo, o los rayos del sol son milagros cotidianos. Que los rostros humanos, todos ellos, aun los más deteriorados y hasta envilecidos, son profundamente hermosos y dignos de amor.

Contemplar es –así lo he experimentado algunas veces– asombrarse de lo diminuto, fundirse con quien te habla, descubrir que todo es nuevo, emborracharse de realidad y querer seguir bebiendo, pero sin avidez y con agradecimiento. Contemplar es ver en plenitud, sin interferencias, sin el velo habitual que cubre nuestros ojos, o con un velo tan sutil que casi no parece velo. Contemplar es percibir que todo es profundo y amplio, que la vida nos visita devastadoramente a cada rato y que su intensidad invita a una comunión apasionada. Cuando se pasa del pensamiento a la contemplación –y es a eso a lo que la mística invita–, se sacrifica el universo antiguo, sí, pero se descubre, en contrapartida, que verdad y vida son la misma cosa.

Solo en esas ocasiones me he sentido totalmente vivo, totalmente yo... Solo entonces, purificados los canales del sentido, me he estremecido de orgullo y de humildad en el mismo movimiento, sintiéndome a la vez exultante y avergonzado. Claro que a este universo tan grandioso como terrible solo puede accederse cuando uno se atreve a sobrepasar el previsible mundo de las imágenes para entrar en el insólito e inasible mundo de los hechos. Yo lo he contemplado algunas veces, y cada vez lo hago más a menudo. No tengo duda de estar encaminándome a la unidad con lo contemplado.

8. Las enfermedades que impiden la visión son cuatro.

Lo que impide esta contemplación a la que todos estamos llamados son el prejuicio –esas ideas de las cosas que nos impiden acercarnos a las cosas mismas–; la cobardía –ese miedo que imposibilita que la realidad pueda abrirse a nuestra percepción–; y la pereza –ese ser en baja intensidad que nos hace vivir por debajo de nosotros mismos–. No es que el contemplativo viva por encima de sí mismo, sino a su altura. En realidad, todo no contemplativo es humanamente un subdesarrollado.

El prejuicio es un defecto del pensamiento, así como la cobardía y la pereza lo son de los afectos y de la voluntad. De hecho, la práctica de la meditación u oración contemplativa debe afrontar, al menos en sus primeras fases, una pedagogía de ataque a estos vicios capitales que atentan contra la contemplación. La disciplina de la atención purifica el prejuicio; la disciplina de la voluntad purifica la pereza y la cobardía. El hombre prejuiciado o suspicaz es en el fondo un arrogante, pues se encastilla en sus cuatro convicciones y no consiente que la realidad le ponga en entredicho. El hombre perezoso y cobarde es en el fondo un pusilánime, pues no está dispuesto a poner de su parte en la fiesta de lo real. Algunos místicos han hablado a este respecto de «danza de la realidad»: tocan la flauta, pero nosotros no bailamos; corean a nuestro alrededor y no cantamos.

¿Por qué es entonces tan difícil ver? No es solo por la neblina del pensamiento que se interpone entre nosotros y la realidad. Junto a la enfermedad de la mente, que llamamos prejuicio o simplemente soberbia intelectual, está la enfermedad del corazón descontento, que también dificulta la visión. Y la del cuerpo, puesto que estamos tan satisfechos y ahítos que, abotargados, hemos perdido la sensibilidad. Y hasta esa enfermedad del espíritu que tantas veces es la religión, que a menudo, por desgracia, más que preparar al espíritu para el encuentro lo embota con mitos que han dejado de entenderse y ritos que se han repetido tan rutinariamente que han quedado vaciados de contenido. Estas cuatro enfermedades –la de la mente y la del corazón, la del cuerpo y la del alma– tienen un denominador común: el exceso, la exuberancia. Demasiadas ideas impiden la entrada de una nueva. Demasiado sentimiento cierra la puerta a la sensación. Demasiado culto al cuerpo obtura la percepción del alma. Demasiados oropeles en el alma impiden el camino a su más profundo centro.

9. El criterio de verificación de la iluminación es la compasión.

Por supuesto que yo he sido un privilegiado, si bien todo ser humano en el fondo lo es, aún los más aparentemente desdichados. Hablar de privilegio es hablar de regalo, pero también de responsabilidad, porque tanto más grande es un don cuanto más te hace trabajar en él. Lo digo porque los contemplativos estamos llamados a ser compasivos, es decir, a dar de beber al sediento, a acompañar a los solitarios y a fortalecer a los débiles, a cargar con los destinos ajenos, puesto que en último término son propios.

El criterio de verificación de la iluminación es la compasión. No hay camino a Dios que no conduzca a los hermanos, por decirlo cristianamente. De modo que no se medita para cultivar una suerte de aristocracia interior, sino para ganar en humanidad. La verdadera compasión es contemplación en acción. Solo conocemos lo que nos estigmatiza, y lo que nos estigmatiza nos hace seres con historia. Todos somos un espejo de todo, también y sobre todo de Dios.

10. El arte es un territorio propicio para la vocación mística.

Lo primero que veían mis ojos cada mañana en el dormitorio de mi infancia eran reproducciones de Brueghel, Leonardo, el Bosco, Rembrandt, Paolo Uccello y Rafael, entre otros tantos maestros de la pintura. Mi padre coleccionaba estas reproducciones y las hacía enmarcar con la intención de colgarlas en un gran tablero que situó frente a las literas en que dormíamos mis hermanos y yo. La sensibilidad artística para la que fui educado y en la que cuajó mi vocación literaria durante mi adolescencia fue probablemente el mejor caldo de cultivo de mi posterior interés por la contemplación. De hecho, a este asunto dediqué hace dos décadas mi propia tesis doctoral: a las afinidades entre las experiencias estéticas y extáticas.

Pero hay una diferencia sustancial: el artista quiere apropiarse de la realidad para reformularla y expresarla según su punto de vista. El místico, en cambio, no interfiere en la realidad, sino que la respeta. El místico no aprehende la realidad con vistas a una obra, sino que vive el instante como instancia. Cuando el potencial contemplativo lo despliega un artista, nos encontramos ante testimonios tan insignes como los de santa Teresa de Ávila o san Juan de la Cruz. Pues un artista no es en el fondo otra cosa que un místico que ha sabido expresar con palabras, imágenes o sonidos lo que ha experimentado de la danza de la realidad. El místico es siempre un bailarín, esto es, se sumerge activamente en el flujo que ha descubierto; el intelectual, en contrapartida, se distancia, se sale del corro, se aparta porque si no se apartara, no podría reflexionar ni escribir. Los místicos, como los artistas, no son por lo general de temperamento reflexivo, sino intuitivos, viscerales y empáticos.

11. La religión también es un caldo de cultivo para el misticismo.

A mi vocación literaria se unió más tarde, durante la juventud, la vocación religiosa. También la religión, como el arte, es un caldo de cultivo apropiadísimo para la experiencia de la contemplación. El artista dice: «la realidad y yo». El religioso dice: «la realidad y tú», y ese tú es Dios mismo, que le sirve como clave de interpretación de la realidad. El místico dice: «la realidad y nosotros», y en este nosotros está él mismo, el mundo y Dios, y todo ello en una unión sin confusión.

Mi admirado Kierkegaard hablaba de tres etapas en el ser humano; también yo, aunque algo diferentes a las suyas, he vivido tres fases claramente diferenciadas en mi propia biografía: la artística, la religiosa y la mística. Pero no son etapas sucesivas que superen y dejen atrás a las precedentes, sino que cada una de ellas integra y lleva la anterior a una cierta plenitud. Primero descubrí la belleza de la realidad, luego su divinidad; ahora descubro que la realidad es bella y divina sin necesidad de trascenderla.

12. Para la práctica contemplativa importa la pureza de corazón o rectitud de intención, no la perfección personal.

Terminaré diciendo que este gozoso canto a la realidad que es la mística no se hace sin una entrega pasiva, no intervencionista, fenomenológica cabría decir. No hay para este ejercicio más virtudes necesarias que la constancia y la humildad, es decir, que la repetición cotidiana y fiel y la búsqueda desinteresada. Por ello, la perfección personal debe dejar de interesar; e interesar mucho, en contrapartida, la pureza de corazón o la rectitud de intención, esto es, la sed existencial y la confianza en que todo se dará en el momento oportuno.

Desde que vivo con este espíritu, asisto en mí a una renovada vitalidad. Percibo el declive propio del paso del tiempo, por supuesto, pero este declive es, misteriosamente, un camino de plenitud. Soy por fin lo que siempre he querido ser, es decir, un discípulo o, lo que es lo mismo, alguien disciplinado. Aprendo de los acontecimientos y fraguo una certeza indestructible. Crezco en vulnerabilidad y sé que transito una estela de siglos. Me entreno para morir y siento ante lo que está al otro lado –por qué no decirlo– una dulce curiosidad.

Saboreando el néctar de la libertad gozosa

Meditar con el hinduismo y el budismo

Vicente Merlo (Valencia, 1955), doctor en Filosofía. Ha vivido en la India, especialmente en el *ashram* de Sri Aurobindo (Pondicherry, India). Fue socio fundador de la Sociedad de Estudios Índicos y Orientales, y de la Asociación Transpersonal Española. Fue miembro del Consejo Asesor del Parlamento de las Religiones del Mundo (Barcelona, 2004) y de la Sociedad Española de Ciencias de las Religiones, profesor de «Teoría y práctica de la Meditación» en la Universidad Autónoma de Barcelona, profesor en el Máster de Historia de las Religiones en la Universidad de Barcelona y profesor en el Máster de Espiritualidad Transcultural en la Universidad Ramon Llull.

Ha publicado numerosas obras. En Kairós: *Sabiduría y gratitud* (2015), *La fascinación de Oriente* (2002), *Las enseñanzas de Sri Aurobindo* (1998), *La meditación en el hinduismo y el budismo* (2013), *La llamada (de la) Nueva Era: Hacia una espiritualidad mística y esotérica* (2007). En Biblioteca Nueva: *Filosofía, ¿qué es eso?* (2014), *La autoluminosidad del atman: Aproximación al pensamiento hindú clásico (2001)* y *Simbolismo en el arte hindú: De la experiencia estética a la experiencia mística* (1999). Y en Obelisco: *Plenitud radiante. Meditando juntos* (2009).

Introducción

Es probable que quien se acerca a estas páginas tenga ya una noción más o menos clara de lo que significa «meditación y contemplación». Sin embargo, detrás de estos conceptos acaso se oculten experiencias y concepciones del ser humano y de la realidad bastante diferentes entre sí.

Justamente, cuando hablamos de meditación y de contemplación solemos hacer más hincapié en la «experiencia» que en su «conceptualización». Y, en efecto, a través del cultivo de estas prácticas, de estos estados, se trata más de saborear la realidad, de vivenciar la profundidad de lo real, tanto en mí mismo como en aquello hacia lo que se dirige nuestra mirada meditativa o contemplativa, que de pensar sobre ella. Esta es una distinción básica que conviene no olvidar. Con mayor razón si tenemos en cuenta que en las tradiciones occidentales, tanto en su vertiente filosófica como en sus corrientes místicas, «meditación» se ha utilizado preferentemente como sinónimo de «reflexión» más o menos intelectual. Meditar se ha entendido como pensar en algo. Sin embargo, en las tradiciones hindú y budista, las dos tradiciones a las que haremos referencia aquí principalmente, meditación y contemplación no constituyen procesos mentales, no consisten en un discurrir del pensamiento, sino más bien en una conciencia atenta, de manera que a través de esa atención plena, se penetra en niveles más profundos de la realidad, propia o ajena.

El yoga es, esencialmente, *samadhi*. Patañjali y la tradición hindú

En la tradición hindú, el Yoga de Patañjali sintetiza el proceso de la meditación mediante tres términos sánscritos que son *dharana, dhyana* y *samadhi*. Múltiples han sido las traducciones propuestas para estos. Una de ellas, quizás la más frecuente, los traduce como «concentración», «meditación» y «contemplación». En realidad, Patañjali, en varias ocasiones, parece entenderlo como un proceso único de profundización creciente. De tal modo que estaríamos ante la intensificación cada vez mayor de la «atención», menos duradera al principio, cuando la atención se centra en el objeto elegido (externo o interno, físico o sutil), más constante a medida que avanzamos en la meditación, y de larga duración cuando llegamos a la tercera fase.

Por otra parte, Patañjali distingue entre un *samadhi* con soporte y un *samadhi* sin soporte. El soporte al que dirigir nuestra atención puede entenderse a modo de una «semilla» (*bija*) sobre la que recae el flujo de nuestra atención; si se quiere, un objeto de concentración que ocupa nuestra conciencia. En este caso, la meditación sobre ese objeto nos lleva a descubrir niveles de significación cada vez más profundos del mismo, y llega un momento en que la identificación con el objeto es tal que el sujeto meditador parece desaparecer y no quedar más que el objeto contemplado.

Ahora bien, en la meditación sin objeto, sin simiente a la que regar en ese especial cultivo de la atención, se da un salto cualitativo, pues la mirada interior, la atención plena, vuelta sobre sí, no se dirige ya a objeto alguno, ni físico ni psíquico, sino que desaparece todo objeto, todo contenido de nuestra conciencia, y queda un estado de conciencia pura, como si en ese instante fuera del tiempo quedase al descubierto el Sujeto puro, la pura Subjetividad, como Silencio consciente, lucidez silenciosa, pura Presencia, Autoconciencia brillante.

A eso apunta la célebre definición de «yoga» con la que Patañjali comienza sus aforismos: *citta vritti nirodha*. El estado que merece el nombre de «yoga» (más allá de posturas físicas, de ejercicios de respiración y de técnicas mentales) se caracteriza por la trascendencia de todos los procesos psicofísicos, como indica ese «cesar o detener» (*nirodha*) los «movimientos, las modificaciones, las modulaciones» (*vritti*) de la «mente o de la psique» (*citta*).

Una observación me parece necesaria aquí: es muy frecuente entender el estado de meditación o de contemplación como si se tratase de «dejar la mente en blanco», expresión que más bien suele indicar la falta de comprensión de lo que está en juego. Al menos desde mi punto de vista, lo esencial no es tanto el hecho de que cesen los pensamientos, sino el descubrir un nivel más profundo de nuestra conciencia, de nuestra identidad, de manera que se trasciende la «identificación» con tales procesos mentales, en el momento en que se descubre una identidad más profunda, aquello que en la terminología de Patañjali corresponde al *purusha*, el testigo, el observador, el vidente, el sujeto autoconsciente capaz de contemplar cualquiera de los contenidos que aparecen en el campo de su conciencia, sabiéndose ahora ser algo más que todos ellos, diferente de todos ellos, no un algo, sino un «alguien», un *purusha*, un alma, un espíritu, un sujeto autoconsciente y constitutivamente libre. Libre de las ataduras provocadas por la identificación con todos los movimientos de *prakriti*, nuestra naturaleza psico-física, caracterizable como un complejo conjunto de energías (*shakti*) en movimiento.

Dado que los *Yoga-sutras* no son un tratado sistemático, sino una colección de aforismos, de sentencias breves, son posibles distintas interpretaciones de los mismos. No hay que olvidar, sin embargo, la concepción dualista que subyace a la obra de nuestro autor, pues su filosofía, su marco teórico, está tomado del Samkhya, escuela decididamente dualista. Dualismo que se encuentra no solo en la diferencia radical entre *purusha* y *prakriti* (espíritu y naturaleza, sujeto autoconsciente y objeto para nosotros), sino también en la diferencia entre la multiplicidad de *purushas* (almas, espíritus, yoes) individuales, si bien de orden puramente espirituales y que no hay que confundir ni con el yo-cuerpo ni con el ego como constructo psicológico, e *Ishvara* como Espíritu supremo, hacia el que se dirige la devoción como uno de los pasos importantes de este yoga (*ishvara pranidhana*). Descubrir, a través del mencionado proceso meditativo, el *purusha* que somos, el «alguien» distinto de todo aquel objeto-algo que puede aparecer ante el campo de nuestra conciencia, significa des-velar nuestra naturaleza espiritual más profunda.

Advaita. La conciencia no-dual, conciencia no-local, conciencia única

Sin duda, esta caracterización del *raja-yoga* de Patañjali extrañará a algunos, más habituados a las lecturas no-dualistas del hinduismo. Efectivamente, la corriente dominante hoy, al menos en Occidente, cuando se habla del hinduismo, es la que se centra en la noción de *advaita*, no-dualidad. Desde la interpretación homogeneizadora de la tradición hindú que llevó a cabo Sri Shankaracharya en los siglos VIII-IX de nuestra era, recreada, ya en el siglo XX, por *jñanis* como Sri Ramana Maharshi o Sri Nisargadatta Maharaj, y continuada hoy por los distintos «maestros» de lo que a veces se denomina «neo-advaita», la concepción no-dualista goza de éxito en las presentaciones del hinduismo.

Nos interesa el no-dualismo en la medida en que ofrece una visión y una experiencia de la meditación distinta de la anterior. Fundamentalmente, el no-dualismo (adualismo, o a veces también denominado «monismo», aunque algunos prefieran distinguir entre ambos) afirma que, en el fondo, no hay más que una única Realidad, *Brahman*, lo Absoluto; y que todo lo demás, toda la multiplicidad, de objetos o de sujetos, de cuerpos, de mentes o de espíritus, no es sino producto de una ilusión distorsionadora, de una ignorancia de la mente, de una percepción deficiente que nos impide conocer y ser plenamente lo que somos, desde siempre y para siempre, el *Brahman* inmutable, trascendente, el Uno-sin-segundo (*ekam-evadvitiyam*).

El descubrimiento de la identidad entre *atman* y *brahman*, entre el fondo de todas las cosas –y entre ellas el ser humano– y el Fundamento último de toda realidad, identidad apuntada ya en las *Upanishads*, textos finales de los Vedas, y fundacionales del Vedanta antiguo, sería el objetivo último de toda meditación. Este es el «conocimiento» (*jñana*) por excelencia, la «gnosis» liberadora, la verdadera sabiduría. De modo que la meditación no sería sino la discriminación (experiencial y no solo intelectual, vivida y no solo pensada) entre el *atman-brahman* eterno y el resto de apariencias, las cuales no serían sino una especie de *maya* (ilusión, irrealidad, mera apariencia fenoménica efímera, en el mejor de los casos).

Desde esta perspectiva, meditar no es sino instalarse en el silencio luminoso que constituye la naturaleza más profunda del *atman*, del Yo que ya no es un yo individual, finito, sino el Yo único, el Espíritu absoluto que late y respira más allá de toda individualidad, de toda particularidad. Realidad primera y última de la que nada puede decirse. Y si, por aproximación, por analogía, algo queremos decir es: *saccidananda*. *Sat*: Ser puro, Realidad primigenia. *Cit*: Conciencia infinita, Inteligencia absoluta. *Ananda*: Gozo inmaculado, Dicha inmarcesible, Felicidad inimaginable, Beatitud, Estado de Bienaventuranza. Más allá de toda corporalidad, más allá de toda mentalidad, más allá de toda manifestación, más allá de todo lo pensable, más allá de todo lo decible, más allá de toda individualidad, más allá de toda humanidad, más allá de toda divinidad, más allá del Ser y del No-ser, esa condición a la que la *Bhagavad-Gita* denomina «el nirvana en Brahman».

Cultivando la calma, afinando la comprensión. Meditar con el budismo indio

La tradición budista es de una enorme riqueza histórica y doctrinal. Y la práctica de la meditación ha sido tematizada de una manera especialmente detallada y prolija. Ya en el canon pali, el *Sutra sobre las aplicaciones de la atención plena* (*satti, smrti, mindfulness*) establece los fundamentos de la meditación central en muchas escuelas budistas. En pocas palabras, se trata de mantener una conciencia agudizada de todas las sensaciones, todas las percepciones, la respiración, las emociones, los pensamientos que van surgiendo:

> «Monjes, este es el sendero directo para la purificación de los seres, para la superación del pesar y las lamentaciones, para la desaparición del dolor y la pena, para alcanzar el verdadero camino, para la realización del Nibbana (*nirvana*); a saber, las cuatro aplicaciones de la atención plena».[1]

Si puede decirse que el citado *Sattipathana-suttta* es el texto breve más fundamental del canon pali, es preciso citar dos obras centradas en la meditación y de enorme importancia para la tradición budista meditativa. Por una parte, *El sendero de la Purificación* de Buddhaghosa, poco menos de diez siglos después de que el Buda Sakyamuni pronunciase aquel discurso, voluminoso texto centrado en tres nociones de gran importancia: *shila, samadhi* y *prajña*. Reglas de disciplina y moralidad en general, para cultivar la pureza; concentraciones y meditaciones, para la pureza mental; y la sabiduría final, la verdadera gnosis budista.

Por otra parte, en el siglo VIII d.C. aparece una nueva obra no menos influyente en cuestiones meditativas, el texto de Shantideva, *Entrando en la práctica del despertar*, centrada en la exposición de las seis perfecciones o virtudes perfeccionadas que caracterizan a la corriente del Gran Vehículo (*mahayana*), de las cuales, tal como se habían presentado ya en los *Prajña-paramita-sutras*, los discursos acerca de la sabiduría perfecta, o de la perfección de la sabiduría, la quinta es, justamente, *samadhi* y la sexta, *prajña*.

Estamos pues, en cualquier caso, ante dos de los objetivos centrales de la práctica de la meditación. Dos metas que pueden relacionarse con los dos tipos principales de prácticas meditativas, las denominadas *samatta-bhavana* y *vipashyana-bhavana*, esto es, el cultivo de la calma o la serenidad profunda (*samatta*) y el cultivo de la comprensión profunda, de la visión penetrante, de la intuición discriminadora. Si bien se ha concedido más importancia a la una o a la otra, según los objetivos perseguidos y las perspectivas adoptadas, podemos pensar que constituyen dos aspectos perfectamente complementarios de la meditación budista. Es cierto que la calma, la serenidad profunda, que culminaría en el estado de *samadhi*, es la práctica compartida por los distintos enfoques meditativos no solo budistas, sino también hindúes, como hemos visto en el Yoga de Patañjali, así como en las más diversas tradiciones meditativas y contemplativas. A veces se presenta el cultivo o la práctica de *vipashyana* (o *vipassana*) como el momento específicamente budista, aquel que marcaría la especificidad de la visión del budismo, pues por profundo y gozoso que sea el estado de *samadhi*, sin la visión penetrante que deconstruye la aparente sustancialidad de todas las cosas, incluido el sujeto que medita –y esto último de manera destacada, pues la ilusión de ser un *atman*, un alma, un yo sustancial, es la ilusión metafísica radical, raíz de toda ignorancia y separatividad–, aquellos estados serán pasajeros y no se tendrá acceso a la liberación definitiva, a la iluminación que procede de la comprensión plena que muestra la «relatividad radical» de todas las cosas, de la visión penetrante que atraviesa la apariencia de entidades inmutables o estables y revela el carácter de estructuras dinámicas, de procesos energéticos en constante transformación, de todo cuanto existe, que se desvela así como surgido siempre y solo de determinadas causas y condiciones que hacen que cada cosa sea lo que es. La intuición discriminadora ejemplificada por Gautama, el sabio del clan de los Sakya, mostraría que toda cosa se halla «vacía» de sustancialidad, carente de entidad propia, y que no es más que un nudo en la «red de Indra» (como magistralmente presenta el *Avatamsaka-sutra*, uno de los textos más majestuosos y luminosos de toda la literatura budista). Como diría Nagarjuna en sus *Versos sobre los fundamentos del camino medio*: «Lo que surge en dependencia (*pratityasamutpada*), eso es lo que entendemos por vacuidad (*shunyata*), eso es una designación dependiente, eso es precisamente el camino medio».[2]

Así pues, a través de la práctica de la serenidad mental, del silencio de pensamientos, de la calma profunda accedemos a distintos niveles de meditación (*samadhi*); y mediante el cultivo de la profunda visión penetrante, alcanzamos la cima de la sabiduría, la comprensión de la vacuidad de todas las cosas. Vacuidad que, no obstante, en el tercer giro de la rueda de la ley (*dharmacakra*), en el *Samdhinirmocana-sutra*, y más tarde en la escuela Yogacara o Vijñanavada, encabezada por Asanga y Vasubhandu, no significa vacuidad-nihilizadora, sino ausencia de dualidad última entre sujeto y objeto, siendo ambos aspectos complementarios de la Conciencia pura, la Conciencia nirvánica, el Dharmakaya.

Mantrayana-vajrayana: el poder del sonido, de la visualización y del maestro diamantino

Hasta aquí las bases del budismo indio. Nada diremos de su introducción en China y Japón, pues la tradición más conocida de dichas tierras, el *Cha'n* en China (término derivado del *dhyana* sánscrito que hemos visto en Patañjali), denominado *Zen* en Japón, recibirá justa atención en otras páginas de este libro. Sí que quisiéramos decir algo, no obstante, del budismo tibetano, la modalidad *mantrayana-vajrayana*, recreación del budismo tántrico de la India con las originales aportaciones de los practicantes tibetanos. La inicial denominación de *mantra-yana*, «el camino del *mantra*», hace referencia a la importancia del *japa*, la meditación con repetición de un mantra, un sonido que produce una frecuencia vibratoria determinada y posee un gran poder transformador e iluminador. El *mantra* es conocido también en las tradiciones hindúes, tanto en las vías más devocionales del *bhakti-yoga* como en las corrientes más esotéricas del tantrismo hindú. Ahora bien, en el budismo tibetano pronto se incluirá en «el camino diamantino» (*vajra-yana*), en el que no solo el sonido mántrico, sino también la visualización detallada, cultivando la potencia creadora de la imaginación, desempeña un importante papel.

En el *guru-yoga*, la meditación destinada a facilitar la unión del meditador con su maestro espiritual, asistimos a un complejo delineamiento en el que la visualización y el mantra se unen en una especie de unificación con el *guru* o con la deidad sobre la que se medita, visualizando su *mandala*, su trono, su linaje, sus símbolos, y re-creando la unión esencial entre maestro y discípulo mediante el flujo de luz que sale del maestro y se dirige al discípulo: luz blanca del *chakra* del entrecejo del maestro al entrecejo del discípulo; luz roja de su garganta a la nuestra; luz azul de su corazón al nuestro, y más tarde, los tres simultáneamente, para terminar con la disolución de toda visualización y morar en la Vacuidad luminosa en la que aparece y desaparece toda imaginación. En este sentido, Kalu Rimpoche afirma:

> «En el contexto de la meditación, la única ocupación importante de la mente consiste en la contemplación de la imagen de la divinidad, en el sonido del mantra que se recita y en la visualización del flujo de néctar purificándonos una y otra vez».[3]

Dos meditaciones destacan también en el budismo tibetano. Una de ellas recibe el nombre de *tonglen*, la otra se denomina *phowa*. La primera simboliza perfectamente la virtud de la compasión (*karuna*) tan importante en el budismo, desde sus comienzos, pero especialmente desde los orígenes del Mahayana, a cuyos textos nos hemos referido. Compasión no solo hacia los seres humanos, sino hacia todos los seres sintientes, todos los seres sufrientes, de tal modo que en *tonglen* visualizamos a la persona o colectivo que despierta nuestra compasión, a causa de su sufrimiento, y tomamos imaginariamente todo el sufrimiento y toda la oscuridad que los rodea, transmutándolos al pasar por nosotros y devolviendo la irradiación luminosa que brota de nuestro entrecejo y nuestro corazón. La luz y el amor los bañan, los sanan, los envuelven.

En cuanto a *phowa* podríamos decir que se trata de la meditación apropiada para el acompañamiento en el tránsito, en ese gran tránsito que es el fin de la vida encarnada, el paso que da nuestra conciencia, en tanto corriente psíquica, de hallarse incorporada, expresándose a través de una forma, de un cuerpo, a pasar por una serie de estados que *El libro de la iluminación a través de la audición*, (como debería traducirse el *Bardo Thodol*, generalmente traducido como *El libro tibetano de los muertos*) describe a modo de mapa del viaje por los estados *post mortem*. El libro, atribuido a Padmasambhava, introductor, junto a Shantarakshita, del budismo en el Tíbet, está pensado para ser leído en el lecho del moribundo, así como posteriormente durante un cierto tiempo, intentando que la liberación pueda suceder al contemplar el *bardo de Dharmata*, el Dharmakaya, la Vacuidad luminosa, que constituye el corazón radiante de la realidad.

El *Bardo Thodol*, quizás escrito por Padmasambhava, guru Rimpoché, especie de segundo buda para los tibetanos, pero tesoro (*terma*) descubierto por Karmalingpa siglos más tarde, puede ser leído no solo como un mapa de los estados *post mortem*, sino también como un mapa de los estados de conciencia meditativos. En el momento de apuntar a ese instante en que la Liberación gracias a la audición de las instrucciones debidas es posible, el texto dice las siguientes palabras, que también tú, lector o lectora, puedes escuchar para entrar en meditación, pues análogo es el sendero del meditar y el sendero del morir:

> «¡Oh, noblemente nacido, escucha! Ahora la pura y clara luz de la realidad aparece sobre ti. ¡Reconócela! Oh, noblemente nacido, esta, tu presente y natural comprensión consciente de la clara Vacuidad, esta presencia en clara vacuidad sin ninguna objetividad o substancia, señal o color, ¡esa es justamente la realidad, la Madre, el Buddha de la Bondad Omnipresente! Y esta, tu comprensión consciente de la Vacuidad natural, sin sucumbir a una falsa vacuidad aniquiladora, solo tu propia comprensión cons-

ciente, incesante, brillante, inconfundible y vibrante, ¡esa conciencia es el Padre, el Buddha de la Bondad Omnipresente! Esta presencia de la indivisibilidad de tu conciencia vacía naturalmente insustancial y la vibrante y brillante presencia de tu comprensión consciente, esa es justamente el Cuerpo de Verdad [*Dharmakaya*] de Buddha. Tu comprensión, pues, mora en la vasta masa de luz de claridad-vacío indivisible. Estar liberado del nacimiento o la muerte: eso es la Luz inmutable de Buddha. Es suficiente con reconocerlo. Reconociendo como Buddha a esta tu propia comprensión consciente de pureza natural, tú mismo contemplando tu propia conciencia; eso es morar en la más profunda realización de todos los buddhas».[4]

La meditación, un solo sabor

Hemos hecho referencia, brevemente, a distintas experiencias y distintas interpretaciones de la meditación, en el hinduismo y en el budismo. Hemos querido recoger algunas de las modalidades del meditar: el *samadhi* del *raja-yoga*, la discriminación liberadora de la gnosis no-dualista, la meditación encaminada a la serenidad (*samatha*), el cultivo de la visión penetrante, intuitiva (*vyapshyana*), la meditación con mantras y con visualizaciones (*guru-yoga*), la meditación movida por la compasión (*tonglen*), la meditación al morir y el acompañamiento al *bardo* de *Dharmata*, etcétera. Pero no quisiéramos que los lectores de estas páginas se quedasen con la impresión de una dispersión desorientadora, como si las maneras de meditar, el hincapié puesto en uno u otro de sus aspectos, fuera lo más importante. Por ello, cabe preguntarse si más allá de las diversas «formas» de la meditación, más allá de la multitud de «técnicas» a nuestra disposición, más allá de la conceptualización ofrecida por las diversas tradiciones y subtradiciones, es posible apuntar hacia la «esencia» de la meditación. «Esencia» es uno de los posibles significados del término sánscrito *rasa*, tan importante en la estética india; ahora bien, otro de sus significados y quizás el más utilizado es el de «sabor». Aquí quisiera responder a nuestra pregunta acerca de la existencia de una esencia de la meditación, invitando a degustar el sabor de la meditación, sin pretender una definición esencialista y universalista, en sentido fuerte, como si de una vez por todas pudiéramos apresar y expresar en qué consiste la meditación y nos hallásemos en posesión de ese «saber» acerca de la meditación. Más bien intentamos compartir el «sabor» que encontramos al meditar. Quizás utilizando distintas terminologías, distintas concepciones, no para mostrar que se contradicen entre sí, y que por tanto es algo dudosamente subjetivo y personal, sino para insinuar que muchas y variadas son las experiencias posibles, muchas y muy distintas las conceptualizaciones existentes, pero que todas ellas son perspectivas igualmente válidas de la riqueza inabarcable que abre el camino de la meditación.

En este sentido, el punto de partida quizás sea más fácilmente compartido, pues podemos decir que se trata de tomar conciencia de la dispersión de nuestra mente y de nuestra identificación con los contenidos mentales. A partir de ahí, aplicando la atención plena, manteniendo la conciencia enfocada en algún punto, objeto o lugar, vamos profundizando en la concentración. Paulatinamente, comenzamos a descubrir nuevos estados de conciencia, acaso correspondientes a nuevos niveles de la realidad; en cualquier caso, emerge una mirada nueva sobre las cosas. Las cosas, externas e internas, son vistas a otra luz. No solo nosotros, también las cosas parecen iluminadas de un modo distinto. La conciencia parece expandirse, el corazón abrirse, la mente calmarse, el cuerpo, sobre todo en las meditaciones en las que la quietud corporal es importante, desaparecer bajo el umbral de nuestra conciencia. «Dejar caer cuerpo y mente», decía Dogen, el gran maestro Zen japonés. Cuerpo y mente, con todos sus contenidos, más o menos mecánicos, más o menos reflexivos, más o menos superficiales, más o menos profundos, que hasta ahora constituían parte importante de nuestra identidad, parecen desaparecidos. Y muy especialmente, eso que a menudo denominamos el «ego», la raíz de nuestras identificaciones, esa idea-de-yo o yo-idea con la que nos identificamos de manera muy sutil y determina buena parte de nuestro comportamiento, de nuestros éxitos y nuestros fracasos en el mundo; esa «idea», profundamente enraizada en nuestra mente subconsciente, clavada en los estratos más profundos de nuestra psique, se disuelve, al menos se relaja su nudo, parece asimismo desaparecer, quizás tan solo provisionalmente, efímera liberación, pero, de todos modos, nos permite degustar el sabor de una conciencia libre de identificaciones, de una conciencia más allá del ego, una conciencia transpersonal. Llámesele alma, espíritu, purusha, *atman*, vacuidad luminosa, poco importa ahora ante la belleza y la libertad experimentadas cuando lo anterior acaece.

Experimentar la Vacuidad luminosa, el Dharmakaya, nuestra naturaleza búdica, o bien el *purusha*, el *atman*, el sujeto consciente gozoso, la plenitud radiante de *Brahman*, exhala una fragancia inconfundible, comporta un sabor que bien podría decirse que, más allá de las diferencias experienciales y conceptuales, se trata de «un solo sabor». A eso eres invitado, lector, a una copa, o más bien, basta una sola gota, de este *ananda*, este néctar, este elixir de la iluminación, de la liberación, de la inmortalidad, de Aquello que está más allá del tiempo y más acá de todo lugar.

Notas

1. Bhikkhu Ñanamoli y Bhikkhu Bodhi. *The Middle Length Discourses of the Buddha: A Translation of the Majjhima Nikaya*. Wisdom Publications, Boston, 2000, I, 10, pág. 155.
2. Nagarjuna. *Versos sobre los fundamentos del camino medio*. Kairós, Barcelona, 2003, XXIV, 18 (trad. de Abraham Vélez de Cea).
3. Rimpoché, Kalu. *Fundamentos del budismo tibetano*. Kairós, Barcelona, 2005, pág. 83.
4. Thurman, Robert (trad. e intro.). *El libro tibetano de los muertos*. Kairós, Barcelona, 2001, pág. 89.

La absorción en la naturaleza original

Zen

Dokushô Villalba (Utrera, 1956), maestro budista zen. Fundador de la Comunidad Budista Soto Zen en España y abad-fundador del monasterio zen Luz Serena, donde reside habitualmente. Escritor, conferenciante y traductor.

Entre sus obras destacan *Zen en la plaza del mercado* (Kairós, 2016), la traducción anotada de *La preciosa Visión del Dharma* Verdadero (*Shobogenzo*) de Eihei Dogen (Kairós, 2015); *El cuerpo real. Estudiar la Vía con el cuerpo y con la mente*, traducción comentada del *Shobogenzo Shinjin*, también de Eihei Dogen (Miraguano, 2012). Es el director de las colecciones «Textos de la Tradición Zen» y «De corazón a corazón», ambas editadas por Ediciones Miraguano.

Tal como se expone en otras aportaciones, el término «contemplación» puede que no sea el más adecuado para referirse a la práctica meditativa propia del budismo zen y la relación entre ser humano y naturaleza que emerge de dicha práctica. Creo entonces necesario comentar algunas definiciones antes de adentrarme en los aspectos propios del zen.

De las cuatro acepciones que recoge el DLE sobre el término «contemplar», tal vez sea la primera la única que puede tener alguna relación con la meditación zen, la que dice: «poner la atención en algo material o espiritual».

En nuestro entorno cultural, la contemplación está, por lo común, asociada a «contemplación cristiana», que según el DLE consiste en «ocuparse con intensidad en pensar en Dios y considerar sus atributos divinos o los misterios de la religión». Es decir, la contemplación se asocia a prácticas religiosas teístas.

Si atendemos de nuevo al DLE, tampoco el término «meditar» o «meditación» es aplicable a la práctica budista zen, ya que es definido como «pensar atenta y detenidamente sobre algo». La meditación zen no consiste en pensar sobre algo.

Por tanto, considero imprescindible comenzar definiendo la práctica de *zazen*, coloquialmente «meditación zen».

Zazen

La práctica de la meditación llamada *zazen* es la esencia del budismo zen. En japonés *za* quiere decir «sedente» y *zen*, «recogimiento o absorción». *Zazen* es, pues, el recogimiento interior que se practica en la postura sedente. En un primer acercamiento, *zazen* es una técnica de meditación en la que los detalles concretos, técnicos, son muy importantes. No obstante, es mucho más que una técnica de meditación. El maestro Dogen lo expresó así en el *Fukanzazengi* (Para la difusión universal de los principios del *zazen*):

> «El zazen del que yo hablo no es una técnica de meditación. Es la Puerta de la Paz y de la Felicidad. Es el Despertar Perfecto. Zazen es la manifestación de la Realidad Última. Las trampas y las redes del intelecto no pueden atraparlo. Una vez que hayas comprendido su esencia serás como un tigre cuando penetra en la selva y como un dragón cuando se sumerge en lo más profundo del oceano».[1]

La palabra japonesa «zen» es una transliteración del término chino *Ch'an,* el cual, a su vez, es una abreviación de *Ch'an-na,* otro vocablo chino más antiguo. Este último es la transliteración al chino antiguo del término sánscrito *dhyana (jjhana,* en pali).

En Occidente se ha traducido habitualmente este término por «meditación». La palabra «meditación» tiene un amplio valor semántico y, de hecho, designa prácticas y actitudes muy diversas y alejadas entre sí. Por ejemplo, meditación es a veces sinónimo de reflexión, de pensar en algún asunto o tema. «Zen» debería ser traducido más bien como «recogimiento» o «interiorización». Personalmente me gusta entender el término y la práctica zen como «absorción», o para ser más exacto como «reabsorción».

Podemos ver bien reflejado el concepto «reabsorción» en el ciclo de las gotas de rocío. ¿Qué es una gota de rocío? Es la condensación de la humedad ambiente. La humedad es un fenómeno muchas veces imperceptible por los ojos, aunque se puede sentir en la piel, en la carne y en los huesos. Digamos que la humedad viene dada por una determinada cantidad de agua en forma gaseosa en la atmósfera. Cuando se dan las condiciones atmosféricas requeridas, esta humedad difusa se condensa en pequeñas gotas de agua. El agua gaseosa adopta la forma líquida, lo que se conoce como «condensación». Por tanto, la condensación es el proceso mediante el cual el estado gaseoso se transforma en estado líquido.

Todos hemos visto esas gotas brillantes de rocío que adornan las hojas de las plantas y las superficies más diversas durante las mañanas húmedas. Conforme avanza la mañana y el sol va ascendiendo, la temperatura del ambiente asciende también. El calor va secando la humedad y poco a poco las gotas de rocío van perdiendo su forma líquida conforme se disuelven de nuevo en la humedad ambiente, hasta desaparecer por completo como si nunca hubieran existido. Y bien, a esta fase de disolución del estado líquido y de su transformación en gaseoso podríamos llamarla fase de «absorción» por parte de la atmósfera del agua contenida en la gota de rocío. «Absorción» o «reabsorción», más bien, ya que la atmósfera vuelve a recuperar una cantidad de agua que estuvo previamente fundida en ella.

En términos más metafóricos, podríamos entender la «reabsorción» como un proceso mediante el cual una forma, cuerpo o ser se disuelve en el entorno del que ha emergido. La Vía del Zen es un camino unitivo: devuelve al ser humano a la unidad fundamental de lo viviente, disolviendo las falsas representaciones mentales de separatividad basadas en los conceptos de yo, mí, me, conmigo…

La contemplación de la propia naturaleza

Desde este punto de vista, la contemplación de la naturaleza practicada en el zen constituye, de hecho, una contemplación de la propia naturaleza, ya que ambas son no-dos.

Tal y como escribe Eihei Dogen en el *Shinjin Gakudô*.[2]

> «Debido a esto, lo que la Conciencia Unificada[3] percibe es unidad. Las montañas, los ríos y la tierra, el sol, la luna y las estrellas son ya la conciencia misma. No penséis, sin embargo, que esas cosas están dentro de la conciencia. Abandonad las nociones de interior y de exterior. ¿Algo es añadido en el instante del nacimiento? ¿Desaparece algo en el instante de la muerte? Abandonad las nociones de aparición y desaparición. ¿Dónde podríamos situar la vida y la muerte y nuestro punto de vista sobre la vida y la muerte? El pasado fue un simple instante de conciencia seguido por otro instante de conciencia. Un instante de conciencia seguido por otro instante de conciencia es un instan-

te de montañas, ríos y tierra seguido por otro instante de montañas, ríos y tierra».

Cuando unificamos el que ve y lo visto en una sola experiencia, es decir, cuando nos damos cuenta de que el que ve y lo visto ya forman parte de la misma experiencia no dual, cada ser será percibido y aceptado según su propia perspectiva. Despertarse consiste en darse cuenta de que el sujeto y el objeto forman parte de la misma experiencia indivisa. A esto se le llama Conciencia Unificada o Mente Única. Cuando miramos desde esta Conciencia Una, todo lo existente forma parte de la misma Unidad. Cuando miramos desde la mente analítica-conceptual, cada cosa, cada ser –convertido en categoría mental– está separado y escindido de la totalidad.

Desde el punto de vista de la percepción común, consideramos los objetos naturales, tales como tierra, ríos, luna, sol, estrellas, como cosas exteriores a nuestra conciencia. Pero, de hecho, esas cosas son nuestra conciencia misma. No penséis, sin embargo, que esas cosas están dentro de nuestra conciencia. Abandonad las nociones de interior y de exterior, de entrar y de salir. La Conciencia Unificada no está fuera ni dentro, no viene ni va, ni es un atributo exclusivo del ser humano. Decimos «mi» conciencia, pero la conciencia no tiene propietario, no está limitada al ser humano, no le pertenece en exclusiva. El ser humano forma parte de la cadena de la vida universal y de la conciencia universal.

¿Qué es realmente esto que aparece en el campo de conciencia que somos? Desde el punto de vista de la mente analítico-racionalista etiquetamos: ser humano, aire, tierra, agua, fuego... Pero, en el instante de conciencia del presente, ¿hay realmente separación entre un ser humano y el aire, la tierra, el agua y el fuego? ¡Un ser humano no puede existir sin aire, sin tierra, sin agua, sin fuego! El aire es indispensable para la existencia del ser humano. Y el que sea indispensable para la existencia del ser humano quiere decir que el aire forma parte inherente de la existencia humana, esto es, el ser humano es aire, el aire es ser humano. Y lo mismo sucede con la tierra, el agua y el fuego, es decir, con los elementos básicos que conforman la realidad natural. ¿Hay separación entre la existencia del ser humano y la existencia de la Tierra? Sin Tierra –sin el planeta Tierra y sin el elemento «tierra»–, ¿cómo podría existir el ser humano? Y sin la conciencia que se cristaliza a través de la existencia humana, ¿cómo podría la Tierra tomar conciencia de sí misma y reconocerse como Tierra? ¿Alguien ha visto alguna vez a un ser humano existiendo en medio del espacio sideral, flotando, sin relación con la Tierra? No. La existencia humana presupone la existencia de la Tierra, está total y absolutamente vinculada a la existencia de la Tierra –o de cualquier otro planeta habitable–. El ser humano es Tierra y la Tierra es ser humano.

La ecología nos ha hecho ver que los organismos vivos son inseparables del nicho ecológico en el que se da su existencia. «Inseparables» quiere decir que «son» el nicho ecológico y que el nicho ecológico «es» los organismos que en él viven. El nicho ecológico y los organismos que viven en él son una sola y misma cosa. Para James Lovelock, Gaia, el planeta Tierra, es un ser vivo y no solo el entorno en el que sucede la vida. A través del paradigma ecológico, la conciencia global de Gaia como ser vivo se está despertando. No es el ser humano el que está tomando conciencia de la globalidad integral de Gaia. Es Gaia quien está tomando conciencia de sí misma a través de una red compleja de interacciones, entre las cuales la existencia humana no es más que un eslabón entre muchos otros.

En nuestro orgullo antropocéntrico decimos: «Yo soy consciente. Los árboles, las piedras, los ríos, los animales y las plantas son inconscientes. Yo tengo conciencia, ellos no». De este error cognitivo, de esta percepción condicionada por la educación y la cultura humanas, se desprenden muchos sufrimientos, desequilibrios y situaciones desgraciadas, tanto para los seres humanos como para el resto de los seres vivos. En el budismo, la expresión «seres vivos» incluye todo lo existente, más allá de la diferenciación humana de «ser vivo-ser no vivo». Desde el punto de vista de la enseñanza del Buda, la realidad entera es una sola y misma Conciencia No-dos. No soy yo quien es consciente cuando aparece la Conciencia, sino que el universo entero se vuelve consciente de sí mismo.

Cuando el Buda alcanzó el Despertar, tocó la tierra con la punta de los dedos de su mano derecha y dijo: «En este instante, yo, la tierra, el cielo y los diez mil seres hemos alcanzado el Despertar». Puso a la tierra y a todo lo existente como testigo y como protagonistas del Despertar. Esto es como decir: en este momento, la Conciencia Unificada de la realidad acaba de despertarse, abarcando a todos los seres vivientes, incluido yo, en su despertar. Cuando un ser humano se despierta convirtiéndose en Buda, el universo entero se despierta y se convierte en Buda . No es el «yo» quien se despierta o quien se ilumina. Iluminarse o despertarse significa tomar conciencia de que es el universo entero quien se despierta o se ilumina. Entonces, el universo entero se percibe a sí mismo tal y como es.

La experiencia del despertar implica la trascendencia de la percepción dualista yo-otro. La tragedia existencial fundamental del ser humano viene dada por la percepción ilusoria que le hace sentirse y verse separado de la totalidad. Este es el principal efecto colateral y el peaje que estamos pagando por la emergencia de la mente analítico-racionalista, que es inherentemente dualista. El sentimiento que acompaña a la sensación –ilusoria– de separatividad es el sufrimiento existencial básico del ser humano. El paraíso original que dejamos atrás no fue otro que el de la fusión –inconsciente– con la totalidad. El precio que estamos pagando por explorar nuestra «individualidad» es sudor, sangre y dolor y, sobre todo, el de la angustia de la separación y de la soledad. En nuestra ceguera, tratamos de aliviar el sufrimiento provocado por esta angustia de separación arrojándonos a distintas formas de adicciones compulsivas: al alcohol, a distintas drogas, al sexo animal, a las dependencias emocionales, al poder, a la fama, a distintas formas de fanatismos e integrismos. Es como tratar de salir del fuego arrojándose a las brasas. Percepciones enfermizas generan comportamientos enfermizos. Tratamos de afianzar nuestra identidad individual –o colectiva– sin darnos cuenta de que precisamente la percepción ilusoria de nuestra identidad es la principal fuente de nuestros problemas.

Necesitamos regresar al paraíso original. Esto no significa volver atrás en el tiempo ni asumir planteamientos regresivos. Significa volver a la realidad original, es decir, a la realidad tal y como es. Esto implica recuperar el estado natural anterior a la fractura de la realidad que separa al sujeto del objeto; esto es, volver a la pureza original anterior al «pecado original». Lo que algunas tradiciones llaman «pecado original» puede que no sea otra cosa que la separación ilusoria de la realidad entre sujeto y objeto. Si esto fuera así, el «pecado original» no es algo que sucedió hace mucho tiempo, sino algo que continúa sucediendo aquí y ahora. Un karma que hemos recibido de nuestros padres y ancestros y del que podemos liberarnos, ya que tal separación nunca ha sucedido salvo en el mundo ilusorio de nuestras mentes; ilusión que ha sido transmitida como «realidad» de generación en generación hasta llegar a nosotros. Al separarnos ilusoriamente de la pureza original perdemos ilusoriamente el contacto con la inocencia original. En esto consiste el «pecado».

En el Nuevo Testamento, la palabra que se usa para «pecado» es el término griego *hamartia* y su forma verbal *hamartanein*. Pero en griego estos términos no tenían originalmente el significado que le atribuye el Nuevo Testamento. Originalmente, *hamartia* era un término usado en el tiro con arco para designar el error de tiro o el fallo en alcanzar el blanco. Podríamos decir que se trata de un error de percepción o un error de cálculo, un tiro o una acción fallida, esto es, que no ha alcanzado el objetivo deseado. El sentimiento de separatividad surge de un error de percepción, de una *hamartia*.

¿Cómo subsanar este error cognitivo, cómo recuperar el estado de unidad original? En la tradición zen tenemos un método muy simple, sencillo, natural y eficaz: nos sentamos y no hacemos nada más que permanecer sentados.

Sentados, enfocamos la atención sobre la respiración. Permanecemos en la postura más adecuada para que la respiración se produzca lo más amplia, profunda y naturalmente posible. Cuanto más erguido y expandido está el cuerpo, más fácil resulta respirar. Cuando el torso está desplomado resulta difícil respirar porque los pulmones están sometidos a una presión muscular. Pero si el torso está erguido, los pulmones se abren y se expanden con más facilidad. Por tanto, nos sentamos estirando bien la columna vertebral. Templamos adecuadamente el tono muscular de forma que no haya tensiones innecesarias en algunas zonas ni falta de tono en otras. Nos sentamos sintiendo el cuerpo y permitiendo que la respiración se produzca de forma natural. Entonces enfocamos la atención en el flujo respiratorio. Al hacerlo, la apartamos de los pensamientos, sin necesidad de luchar contra ellos. La atención actúa como una linterna encendida en medio de la oscuridad. Si enfocamos con ella los pensamientos, los pensamientos aparecen en el campo de conciencia. Si la enfocamos sobre la respiración, los pensamientos se desvanecen y la respiración aparece en el campo de conciencia. Por tanto, no nos interesa saber si hay pensamientos o no; lo único que nos interesa es que el haz de luz de la atención esté enfocado sobre el flujo respiratorio. Y aprendemos a permanecer así sin distracción. En el caso de que la atención sea atrapada de nuevo por los pensamientos, tomamos conciencia de ello y la devolvemos de nuevo a la respiración. Si nos distraemos cien veces, cien veces reenfocamos la atención sobre la respiración.

El estado de conciencia de los principiantes suele ser algo así: «Aquí estoy yo, enfocando la atención en la respiración. Tengo que seguir haciéndolo así». El esfuerzo es consciente, voluntario. Sigue habiendo un «yo» y una «respiración», el yo-sujeto y la respiración-objeto. Sigue habiendo dualidad y separación. El principiante, al identificarse con una autoimagen de sujeto, experimenta la respiración como un fenómeno ajeno al yo-sujeto. Cree que es el yo quien «respira», como si el «yo» fuera el dueño de la respiración, como si el «yo» pudiera elegir entre respirar o no respirar. Y se dice, inconscientemente, «estoy respirando, estoy respirando». Aún no se da cuenta de que no es el «yo» quien respira. Pero, por el momento, no importa. Sea como sea, la atención debe continuar enfocada en la respiración. El meditador principiante debe continuar entrenándose de esta forma, con paciencia y perseverancia. En algún momento de la práctica –puede que meses o años después–, el estado de conciencia cambia naturalmente; se produce lo que en el budismo se llama «conexión». En este estado, la atención y la respiración se funden en una sola experiencia unitaria. Deja de haber un «yo» tratando de tomar conciencia de la respiración y aparece una respiración consciente sin esfuerzo, o una conciencia que respira. La conciencia de «yo» se debilita e incluso desaparece. A este estado se le llama técnicamente «estado de acceso al *samadhi* o a la concentración». El sujeto y el objeto se funden en este estado. Dogen se refiere a él llamándolo «el olvido de sí».

En el «Genjokoan», otro capítulo del *Shobogenzo*, el maestro Dogen escribió:

> «Estudiar el zen significa estudiarse a sí mismo; estudiarse a sí mismo significa olvidarse de sí mismo. Olvidarse de sí mismo significa hacerse uno con todas las existencias del universo».

Este es el estado en el que el sujeto y el objeto se convierten en una sola cosa. El *Shobogenzo* es la expresión de la visión iluminada del maestro Dogen y, al mismo tiempo, es un mapa y un manual de instrucciones que nos enseñan cómo iluminar nuestra propia conciencia de ser. No se trata de creencia. No debemos convertir el *Shobogenzo* en un ídolo, en un «libro sagrado» objeto de adoración. Debemos experimentar lo que Dogen experimentó. Cuando fundimos al que ve con lo visto, cada cosa es comprendida según su propia perspectiva. Un maestro zen escribió:

> «Cuando tú miras una flor
> no eres tú quien ve la flor:
> es la flor la que se ve a sí misma
> a través de tus ojos».

¿Cómo se ve una flor a sí misma a través de tus ojos? Para que una flor pueda verse a sí misma a través de tus ojos debes apartar tus prejuicios, tus percepciones condicionadas acerca de lo que la flor es o no es, para lo que sirve o para lo que no sirve. Debes dejar que sea la flor misma la que hable de sí misma, la que se exprese a sí misma, la que se manifieste a sí misma. Este es el resultado de la fusión del sujeto con el objeto.

Usualmente consideramos los objetos naturales, tales como tierra, río, luna, sol, estrellas, como cosas exteriores a nuestra mente, ¿no es cierto? Esa es la percepción común desde la mente analítico-racionalista, pero, de hecho, esas cosas son la conciencia misma. Esto no significa que estas cosas estén «dentro» de nuestra conciencia. «Dentro», «fuera», «exterior», «interior» son conceptos irreales que no se corresponden con la verdadera naturaleza de la realidad; son puertas al campo.

Aunque hablamos de «conciencia», en verdad no sabemos de qué se trata. No podemos tener un conocimiento objetivo de la conciencia, de la misma manera que el pez no puede tener un conocimiento objetivo del océano. El pez es el océano. El océano es el pez. El pez no puede salir del océano para conocerlo «desde fuera». Su conocimiento del océano es su experiencia de ser océano. De la misma forma, nosotros somos conciencia. La conciencia es el océano en el que sucede nuestra existencia. Es nuestra existencia. Y no podemos salir «fuera» de la conciencia-existencia para conocerla objetivamente. Nuestra única forma de conocerla es «siendo» conciencia-existencia.

No obstante, en la tradición budista se dice que podemos atribuirle tres características: es luminosa, infinita y ubicua. Ya hemos visto anteriormente en qué consiste el aspecto luminoso de la conciencia. «Infinita» quiere decir que no está sujeta a la coordenada «tiempo». No es un fenómeno temporal; más bien al contrario, la coordenada «tiempo» es algo que aparece en la conciencia. Y aunque a veces la conciencia se manifiesta como conciencia y otras no, siempre está ahí porque es la substancia de la que están hechos todos los fenómenos.

«Ubicua» quiere decir que no ocupa un lugar en el espacio. No es un fenómeno espacial; más bien al contrario, la coordenada «espacio» es algo que sucede en la conciencia. Por tanto, la conciencia no está sujeta al espacio-tiempo. Cuando se enfoca en el pasado, el pasado aparece en la conciencia. Cuando miramos una pequeña partícula, esta aparece en la conciencia. Cuando contemplamos las estrellas y el espacio sin fondo, aparecen en la conciencia. La conciencia no tiene «interior» ni «exterior». Los conceptos de «exterior» e «interior» aparecen en la conciencia.

¿Dónde se asienta la conciencia? ¿Aquí, ahí, allí? ¿En el cerebro humano? Para la ciencia occidental, la conciencia es un epifenómeno del funcionamiento cerebral, una especie de subproducto del funcionamiento de las neuronas. Por tanto, se cree que la conciencia se encuentra dentro del cerebro. Para Dogen, las montañas, los ríos, el sol, la luna y las estrellas son conciencia. Se trata de distintas percepciones.

Desde el punto de vista convencional de la percepción socialmente consensuada, se cree que las montañas, los ríos, el sol, la luna y las estrellas son cosas que se encuentran «ahí fuera», y se las concibe como algo ajeno, externo, al «yo». Se supone que el «yo» es algo circunscrito al cuerpo individual, y que la piel es la frontera que separa al «yo-aquí-dentro» de «las cosas-ahí-fuera». Dogen no dice que esas «cosas-ahí-fuera» estén dentro del «yo-aquí-dentro», sino que los conceptos de «dentro» y «fuera» son irreales, que no hay fronteras entre ambos y que su única realidad viene dada por el hecho de aparecer –en tanto conceptos– en la conciencia aquí y ahora. Para despertarnos a esta dimensión, necesitamos abandonar las nociones de dentro y fuera, de exterior e interior. La conciencia es todo lo que se está manifestando en este preciso instante. No es que lo que se está manifestando en este preciso instante lo esté haciendo «en» la conciencia, sino que «es» conciencia.

La Vía, el Dharma, el Tao, la verdadera realidad que lo impregna todo, no tiene principio ni fin. No aparece cuando aparece un fenómeno. No desaparece cuando desaparece un fenómeno. «Antes» es la Vía. «Ahora» es la Vía. «Después» es la Vía. «Aquí» es la Vía. «Ahí» es la Vía. «Allí» es la Vía. Antes, ahora, después, aquí, ahí, allí son conceptos que aparecen y desaparecen en la conciencia de aquí y ahora. Pero antes de que aparecieran, la conciencia aquí ahora ya estaba presente. Y después de que hayan desaparecido la conciencia aquí y ahora seguirá presente. Cuando abandonamos las nociones de aparición y desaparición, la conciencia aquí y ahora que siempre está presente se vuelve consciente de sí misma y brilla con todo el esplendor de su naturaleza original no creada y no extinta.

¿Dónde sucede la vida? Aquí.
¿Cuándo sucede la vida? Ahora.
¿Dónde sucede la muerte? Aquí.
¿Cuándo sucede la muerte? Ahora.

Nadie puede vivir en un lugar y en un tiempo que no sean aquí y ahora. Nadie puede morir en un lugar y en un tiempo que no sean aquí y ahora. Incluso cuando la mente crea el concepto «después» o «futuro», la creación de esos conceptos está teniendo lugar aquí y ahora. Es una ilusión pensar que uno se morirá en el futuro, en otro lugar. Uno siempre se muere aquí y ahora. No obstante, incluso la ilusión de que uno se morirá en el futuro y en otro lugar aparece siempre aquí y ahora. Nuestro punto de vista sobre la vida y sobre la muerte, sean cuales sean estas, es una simple representación mental que aparece en la conciencia aquí y ahora.

La conciencia no está sujeta al tiempo; es el tiempo el que aparece en la conciencia. El pasado fue un instante de conciencia. El presente es un instante de conciencia. El futuro es un instante de conciencia. Esto quiere decir que la conciencia no fluye, como el tiempo, del pasado al futuro, sino que el pasado, el presente y el futuro son hechos que suceden en el seno de la conciencia siempre presente. Por eso se dice que la conciencia es eterna, esto es, está más allá de la medición temporal, y que es infinita, porque está más allá de la medición espacial.

Este instante de conciencia presente es un instante de montañas, ríos, tierra, sol, luna y estrellas. Este nuevo instante de conciencia presente es un instante de montañas, ríos, tierra, sol, luna y estrellas, o de lo que sea que esté apareciendo en este instante en el campo de conciencia que eres.

Notas

1. *Riqueza interior*. Miraguano, Madrid, 2001 (recopilación y traducción de Dokushô Villalba de las enseñanzas impartidas sobre el *Fukanzazengi. Principios universales de la práctica de zazen* del maestro Dogen).
2. «Shinjin Gakudô» es un capítulo del *Shobogenzo,* editado en español bajo el título *El cuerpo real. Estudiar la Vía con el cuerpo y con la mente*. Miraguano, Madrid, 2012, con traducción y notas de Dokushô Villalba. Los comentarios están extraídos de dicha edición. Del *Shobogenzo*, la obra mayor de Dogen, ha sido publicada una antología en Kairós (2015), con traducción anotada de Dokushô Villalba.
3. *Isshin* significa, en japonés, literalmente: «una conciencia», esto es, la conciencia de la unidad o conciencia universal.

Nada es, todo significa

Sufismo o la contemplación de los signos divinos

Halil Bárcena (Renedo, Cantabria, 1962), islamólogo y especialista en el sufismo de Mawlana Rumí y los derviches giróvagos. Licenciado en Ciencias de la Información, diplomado en Lengua Árabe, máster en Estudios Árabes, ha cursado estudios islámicos y de filología árabe en Marruecos, Jordania, Líbano y Siria. Formado en musicología turca en Estambul, es intérprete de *ney* (flauta sufí de caña). También cultiva la caligrafía islámica, siendo alumno de los maestros turcos Hüseyin Kutlu y Ali Riza Özcan. Profesor de estudios islámicos, colabora con distintas instituciones académicas tanto españolas como turcas. Asimismo, escribe periódicamente para la revista turca *Yedi Iklim* y es asesor de la colección «Sagrats i Clàssics» de Fragmenta editorial.

Es autor, en catalán, de *El sufisme* (Fragmenta, 2008) y de la traducción del árabe al catalán de *Dīwān*, de Ḥal·lāğ (Fragmenta, 2010). En castellano ha publicado *Sufismo* (Fragmenta, 2012) y *Perlas sufíes*. Saber y sabor de Mewlânâ Rûmî (Herder, 2015). Además, es coautor, con Marià Corbí, de *Jesús de Nazaret, el mito y el sabio* (Verloc, 2010). Su último libro, *Historias de Nasrudín* (Fragmenta, 2015) obtuvo el Premio Crítica Serra d'Or de Literatura infantil, 2016.

Reside en Barcelona, donde dirige el Institut d'Estudis Sufís desde 1998, si bien pasa largas temporadas en Estambul.

Para Aran, que llegó como si tal cosa,
mientras escribía estas líneas.

En el *tasawwuf* o sufismo islámico, corazón del islam e islam del corazón, la contemplación está muy vinculada a la meditación (*tafakkur*) acerca de los signos divinos (*aya*), que es alentada en el Corán abundantemente y constituye una de las prácticas fundamentales de los sufíes, los iniciados espirituales del islam. A nuestro juicio, sin embargo, dicha práctica no puede ser comprendida en toda su profundidad si no se aborda desde el *tawhid* o unidad absoluta de la existencia, la cosmovisión unicista islámica que afirma que no hay más realidad que lo Real y que todo cuanto existe es uno y, por consiguiente, expresión de la unidad, con lo que ello comporta de visión unitaria de las cosas, en los distintos planos y expresiones de la vida.

El *tawhid,* sintetizado en la fórmula apofática árabe *la ilaha il·la Al·lah,* «no hay más divinidad que Dios», que afirma negando, constituye la intuición espiritual fundamental del islam y el núcleo de la experiencia vital del profeta Muhammad, modelo humano y espiritual para los sufíes. Pero esto no es todo: el islam es el *tawhid* y el *tawhid* es el islam; no hay realidad islámica que pueda ser explicada sin él. Todo el horizonte del pensamiento y de la espiritualidad del islam está dominado por el *tawhid,* la afirmación del Único que es conocido a través de sus signos. Así pues, vamos a exponer en las páginas que siguen la centralidad que la práctica de la contemplación de los signos divinos ocupa en el sufismo y su íntima relación con el *tawhid,* tal como es concebido y experimentado por el sabio sufí, que es una suerte de testigo terreno del cielo.

El Corán y el fenómeno del libro sagrado

El islam es una tradición religiosa «librocéntrica», marcada toda ella por la singularidad del texto coránico, considerado como verbo divino, y por lo que podríamos denominar el «fenómeno del libro sagrado». Dicha particularidad determina de arriba a bajo la forma islámica de comprender – ¡o de leer, para ser más exactos!– el mundo y de estar en él, algo que los sufíes entendieron, muy posiblemente, mejor que nadie. Pues, a ojos islámicos, la realidad en su conjunto, desde el universo al propio ser humano, constituye una suerte de texto, cuyos signos el hombre posee la capacidad, al menos en potencia, de poderlos interpretar. «Les mostraremos Nuestros signos (*aya*) en los horizontes y dentro de sí mismos, hasta que vean claramente que es la Verdad»,[1] afirma el texto coránico.

Si solo Dios es existente, como sostienen los sufíes, todo es signo divino (*aya*). En árabe, lengua de una extraordinaria capacidad alusiva y polisémica, el término *aya* posee un vasto campo semántico que incluye, en primer lugar, la palabra «aleya» o «versículo coránico», pero también «signo divino», «maravilla» e incluso «milagro». Puede decirse, sin temor a exagerar, que en dicho término se condensa la cosmovisión unicista islámica (*tawhid*) que afirma que todo cuanto existe no es sino signo teofánico. En efecto, para los sufíes, el mundo es una sucesión continua de teofanías (*tayal·li*), el despliegue de la maravilla divina, un Corán cósmico que debe ser leído como leído es también el Corán libro, cuya lectura salmodiada constituye una suerte de alimento celestial que permite actualizar la presencia divina y la gracia (*baraka*) inherente al libro sagrado.

Por eso, en el islam se distingue entre un Corán escrito y compuesto (*al-Qur'an al-tadwini*) y un Corán ontológico (*al-Qur'an al-takwini*) que tiene que ver con la existencia cósmica. No es que haya dos «Coranes», sino que, metafísicamente, el Corán posee un aspecto gnoseológico, relacionado con su texto escrito como libro, y un aspecto ontológico que tiene que ver con su naturaleza interior en tanto boceto arquetípico del universo.

La consideración de la escritura como sagrada se establece en el islam a partir de la vinculación entre el verbo creador y Dios. Este crea mediante la palabra. De ahí la importancia que la tradición islámica concede a dos artes, una vocal y musical, la otra gráfica, ligadas ambas al libro y la escritura: la salmodia coránica (*taywid*) y la caligrafía (*jatt*), considerada esta última como la expresión artística islámica por excelencia, la más noble y ensalzada. No en balde, la azora 68 del Corán, que lleva por título, precisamente, *Al-qalam*, es decir, «El cálamo», arranca con un elogio de la pluma de caña, el utensilio específico del calígrafo: «¡Por el cálamo y lo que escriben!».[2] El cálamo constituye el instrumento de la creación divina. Según la tradición islámica, Dios escribió –mejor aún, caligrafió– el Corán eterno mediante el cálamo, en la tablilla preservada (*lawh mahfuz*). El cálamo simboliza aquí el intelecto universal, el logos, el verbo, mientras que la tablilla preservada es el polo substancial, material y pasivo, de la manifestación cósmica. En cierta manera, el cálamo correspondería al *eidos*, la forma aristotélica, en tanto que la tablilla preservada remitiría a la *hylé* o substancia.

Sea como fuere, lo que venimos diciendo coloca al sabio sufí en una constante situación hermenéutica. De hecho, según la antropología islámica ser hombre es ser un intérprete; y vivir, leer y descifrar los signos divinos impresos en la existencia. Se trata del «fenómeno del libro» al que aludíamos al comienzo de estas páginas. No en balde, la primera palabra coránica revelada al profeta Muhammad fue *iqra*, que en árabe quiere decir «lee»: «¡Lee en el nombre de tu Señor, que ha creado, ha creado al hombre de sangre coagulada! ¡Lee! Tu Señor es el Munífico, que ha enseñado el uso del cálamo, ha enseñado al hombre lo que no sabía».[3] He ahí el inicio de la revelación coránica, las cinco primeras aleyas reveladas: toda una declaración de intenciones. Lo primero, leer o, lo que es lo mismo, descifrar los signos teofánicos (*aya*). Quiere ello decir, y conviene subrayarlo, que el Corán no apela a la piedad sentimental o a la fe por la fe sin más, sino a la inteligencia, esto es, a la capacidad intelectiva del ser humano, aun sin sucumbir al luciferismo de la inteligencia propio de la racionalidad moderna.

«Quien se conoce a sí mismo conoce a su Señor», reza un célebre *hadiz* muy caro a los sufíes que define a la perfección la idiosincrasia de la senda espiritual sufí. El ser humano posee entendimiento para conocer a Dios, aunque no siempre lo cultive, y memoria (*dhikr*) para recordarlo en todo momento, a pesar de su habitual desmemoria. En ese sentido, piénsese que los sufíes son conocidos en la tradición islámica como la «gente del recuerdo». En definitiva, el «homo islamicus» prototípico es un hombre que cree, sin por ello dejar de pensar, y que piensa, sin tener que renunciar a creer; pues la inteligencia no puede matar la fe, pero la fe no puede resultarle repugnante a la inteligencia.

En el islam, el símbolo por excelencia de la revelación divina es un libro, el Corán. Sin embargo, aquí ha de entenderse el término «libro» en sentido lato, no ceñido exclusivamente al libro impreso. Para los sabios sufíes, el universo entero es considerado como un texto, una suerte de escritura de Dios, un Corán cósmico, como ya hemos apuntado anteriormente, de tal modo que todo cuanto existe no son cosas u objetos sin más, sino atributos y signos divinos. En consecuencia, este mundo es un mundo sígnico, dado que no contiene nada más que signos, que es otra forma de decir que nada es inerte, que en todo late vida, aunque no por igual, ya que existen espacios teofánicos privilegiados en los que lo divino palpita con una mayor intensidad. Son lugares con *baraka,* como sostiene la tradición islámica, esto es, bendecidos con una singular fuerza divina que sana y fecunda, fortalece e ilumina.

En ese sentido, resultan sumamente elocuentes ciertos comportamientos del profeta Muhammad, figura arquetípica del hombre universal (*insan al-kamil*) y modelo por excelencia del guía espiritual, realidad insustituible del camino iniciático sufí. Gracias a la *sunna* o tradición muhammadiana, *corpus* de apotegmas y aforismos sapienciales o *ahadiz* (plural de *hadiz*), atribuidos al profeta Muhammad y recogidos por sus compañeros más próximos, que incluye también su biografía (*sira*), sabemos, por ejemplo, que Muhammad acostumbraba a hablar con algunos elementos de la naturaleza, árboles y rocas, por ejemplo, y con fenómenos como el viento. Al mismo tiempo, nos ha llegado que ponía nombre a algunos de sus objetos personales. Todo ello indica una profunda intimidad con la naturaleza y con las cosas, en las que presentía el aliento de la divinidad.

Dicha intimidad del profeta Muhammad con la naturaleza, entendida como una suerte de depósito divino, nace de una honda experiencia contemplativa de los signos divinos que revelan lo real. Para él, conocedor del lenguaje ontológico de la naturaleza, esta, su mensaje intemporal de verdad eterna y de realidad primordial, constituyó un viático espiritual inigualable, algo que los sufíes, legatarios privilegiados del Profeta, heredaron de él.

El *tawhid*: transcendencia e inmanencia

Pero, regresemos al *tawhid,* la cosmovisión unicista islámica, tal como es concebido por los sabios sufíes, a fin de avanzar en el propósito de estas páginas. Para aquellos, solo Dios es real; más aún, Él es la realidad realmente real (*Haqq*). Por consiguiente, si solo Él es real, todo cuanto existe no es más que Él. Nuevamente, leemos en el Corán: «De Dios son el Oriente y el Occidente. Adondequiera que os giréis, allí está la faz de Dios. Dios es inmenso, omnisciente»;[4] aleya, todo sea dicho de paso, que sirve de inspiración, y también de justificación, a la célebre danza circular de los derviches giróvagos (*sama'*). Nada cabe frente a Dios, puesto que solo Él es y solo Él posee legitimidad para afirmar: «Yo soy». «Decir "yo" es un veneno», advierte el poeta y sabio sufí Mawlana Rumí (m. 1273), inspirador, precisamente, de la mencionada escuela sufí de los derviches giróvagos.[5] Lo que distingue al espiritual sufí del hombre común es que este último piensa demasiado en sí mismo, lo cual conduce a la codicia y la vanidad, que es la ilusión del ego narcisista: la falsa idea del «yo soy», «yo tengo», «yo hago».

Llegado a este punto, es preciso introducir una puntualización sumamente importante, a fin de comprender el verdadero alcance del *tawḥid,* tal como lo conciben los sabios sufíes. Hemos dicho anteriormente que solo Dios posee la realidad. Según eso, si vemos un objeto cualquiera, una piedra pongamos por caso, podemos pensar que solo Dios es real, con lo que esa piedra es irreal. Esta es la perspectiva del *tanzih,* esto es, de la trascendencia o de la abstracción, cuya expresión coránica clásica es: «No hay nada que se le asemeje [a Dios]».[6] Pero también podemos pensar, desde un punto de vista completamente distinto, que desde el momento en que esa piedra existe, y que, por tanto, es real, su existencia o su realidad solo puede ser la de Dios, dado que, precisamente, solo Dios es existente. Se trata de la perspectiva del *tashbih,* esto es, de la inmanencia o de la semejanza, una de cuyas expresiones coránicas es la afirmación de que «Dios es la luz de los cielos y de la tierra».[7] A propósito de esta, solo en apariencia, contradicción, puntualiza Frithjof Schuon lo siguiente:

> «Contradicción flagrante si no se admite la existencia de las dos perspectivas paralelas y complementarias, la transcendentista y la inmanentista; dicho de otro modo, si no se admite el esoterismo con todos sus modos y grados de visión y de interpretación».[8]

Así pues, nada escapa a la mirada de Dios, por cuanto todo es Él: no hay nada más que su faz, según reza la aleya coránica citada líneas atrás. El mundo es, pues, su rostro, su mirada si se quiere, mientras que los signos divinos (*aya*) son los guiños, valga la expresión, a través de los cuales Dios nos impele a salir de nuestro ensimismamiento egolátrico y a reflexionar, a fin de que nos adentremos en las profundidades de lo único real. Si de algo se lamenta el Corán es, justamente, de la indiferencia (*gafla*) de los hombres antes los signos divinos y la consecuente pérdida de la perspectiva simbolista y contemplativa: «¡Qué de signos divinos (*aya*) hay en los cielos y en la tierra, junto a los cuales pasan indiferentes los hombres!».[9]

Igualmente, son frecuentes las alusiones coránicas a que todo cuanto existe glorifica a Dios, si bien el hombre común, encerrado en su mundo idolátrico, es incapaz de comprender dicha glorificación. Dicho de otro modo: todo canta a Dios porque, en definitiva, todo es Él. Dios se dice a sí mismo a través de sus signos, que todo lo abarcan: «Le glorifican los siete cielos, la tierra y sus habitantes. No hay nada que no celebre sus alabanzas, pero no comprendéis su glorificación. Él es benigno, indulgente».[10] Según los sabios sufíes, la creación expresa toda su majestad y su belleza a través de lo que se conoce en árabe como *lisan al-ḥal* o «muda elocuencia», que no es sino la lengua secreta de la creación, comprensible solo para quienes, habiendo desarrollado los sentidos interiores, poseen la capacidad de leer e interpretar los signos divinos.

Solo la posesión de esos otros sentidos interiores le permite al sufí la comunión participativa con la existencia en su conjunto. Al fin y al cabo, el sufí es quien sabe percibir en los ritmos de la naturaleza algo más que lo que se percibe de buenas a primeras. Como todo espiritual, el sufí es de los que miran y ven, oyen y entienden la muda elocuencia de la creación. Canta Mawlana Rumí, maestro de derviches:

> «Los sentidos de la gente del corazón [los sufíes]
> perciben la palabra del agua, la palabra de la tierra
> y la palabra del barro».[11]

El *tawhid,* comprensión unitaria de la realidad que enuncia que todo cuanto existe es uno y, por consiguiente, expresión de la unidad, posee un doble alcance que constituye, al mismo tiempo, su sentido más profundo. Por un lado, la exclusión de toda dualidad, y, por otro, la llamada al reconocimiento de la unidad total y completa de la existencia, en la que todo es interdependiente y está íntimamente relacionado entre sí, a la manera de la trama de un tejido. El libro de la creación es como un tejido. No en vano, el término «texto» quiere decir etimológicamente «tejido». Por consiguiente, cualquier partícula del mundo está habitada por toda la realidad del mundo. «Todo ser es relación», dejó escrito el filósofo persa Mol·la Sadra (m. 1640), uno de los pensadores más influyentes del mundo islámico de todos los tiempos. Según ello, podríamos afirmar que en el mundo no existen partes sino relaciones, al igual que sucede, por ejemplo, en el microcosmos del cuerpo humano, que más que un agregado de partes desconectadas entre sí es un organismo vivo unificado, un ecosistema en el que todo guarda relación con todo: algo que sabían bien los médicos chinos, indios y árabo-persas de la antigüedad y que poco a poco reconoce la medicina contemporánea más consciente.[12]

Con todo, el *tawhid* espiritual de los sufíes-teomonismo, en expresión de Henry Corbin,[13] difiere mucho de lo que podríamos denominar el *tawhid* exotérico, es decir, el puro y simple monoteísmo de la religión formal y legalista. Este último concede a Dios una existencia individualizada y separada del mundo, mientras que el *tawhid* de los sufíes viene a señalar que todo es signo teofánico. «Nada es, todo significa», sería la fórmula sintética en la que podría resumirse. Dios y el mundo son uno pero sin mezcla, de tal manera que la creación no es objeto, sino órgano contemplativo, irradiación teofánica y no otra cosa que Dios. No hay nada aquí de panteísmo, tal como quisieron ver los orientalistas europeos del siglo XIX.

La existencia de Dios y la existencia del mundo no son dos. Solo hay una vida, la vida del Viviente divino. Nos hallamos ante el *Hama Ust,* «Todo es Él», de los sufíes de la India –tan próximo al pensamiento no dualista del Vedanta Advaita–, según fue enunciado, entre otros, por el príncipe sufí del periodo mogol Dara Shokuh (m. 1659), célebre por sus trabajos de traducción del sánscrito al persa. La creación, así pues, no es más que la sucesión inagotable de teofanías; pero una cosa es saberlo y otra bien distinta percibirlo como tal. Por eso insisten los sufíes en la necesidad de que el conocimiento no sea de oídas sino gustativo. De ahí que, a diferencia de la filosofía especulativa, el sufismo sea un saber y un sabor.

En definitiva, cuando el sufí proclama el *tawhid* no está diciendo en qué cree, sino cómo ve, vive y experimenta el mundo, puesto que el *tawhid* tiene que ver, justamente, con el ordenamiento y funcionamiento interno de las cosas. El *tawhid* no es un dogma abstruso, ni un artículo de fe ni un misterio, sino, todo lo contrario, algo, en principio, accesible a la comprensión humana y al alcance de quienes son capaces de contemplar y meditar sobre lo que ven. El *tawhid* no suma nada a la realidad; no se trata, pues, de una interpretación superpuesta al mundo, sino que, justamente, es la operación de radical despojamiento de todo añadido o asociado (*shirk*) a lo único que en verdad es. El *tawhid* es desnudamiento de la mirada, hasta ver la realidad tal como en sí misma es. A fin de cuentas, el *tawḥid* no es sino la manera islámica de expresar la intuición universal de la unidad que toda tradición religiosa y de sabiduría proclama de un modo más o menos explícito, según sus propias categorías lingüísticas.

Visión simbolista del cosmos

Saber de la propia indigencia ontológica, como sabe el sufí, es reconocer que el hombre no posee vida por sí mismo. Más aún, el hombre no es nada fuera de Dios o independientemente de Dios, lo cual, sin embargo, no comporta ni negación de la libertad del ser humano, como vemos, a veces, en ciertas concepciones religiosas abusivamente teocéntricas, ni desprecio por el valor del mundo, que es el espacio donde se despliegan los signos divinos, tal como venimos insistiendo a lo largo de estas páginas. Así pues, no existe un hiato insalvable entre el hombre y Dios, como algunos orientalistas han pretendido ver en el islam.

En verdad, el hombre no es nada sin Dios, pero, al mismo tiempo, tampoco Dios es nada sin el hombre, tal como se deriva del siguiente *hadiz qudsí,* en el que Dios habla en primera persona por boca del profeta Muhammad, uno de los más meditados en la historia del sufismo. Dice así: «Yo era un tesoro oculto que deseó darse a conocer; y por eso creé el mundo». Si bien es verdad que, desde un cierto punto de vista, Dios no tiene necesidad alguna del ser humano, desde otro punto de vista, sí: Dios crea al hombre porque, en definitiva, el amor no puede callar y para ejercer su bondad sobre todo el género humano. En suma, el cosmos en su totalidad no es sino un mensaje de Dios dirigido a sí mismo y a través de sí mismo; de ahí que lo milagroso y lo divino esté por doquier.

Así pues, el mundo –también el ser humano– nace del propio deseo divino de ser conocido, con lo que todo en la existencia no es sino signo para reconocer al creador. En efecto, a Dios se le conoce a través de sus signos. Todo es signo de Dios y Él está en sus signos. Mejor todavía, Él es sus signos, puesto que entre sus signos y Él no hay, no puede haberla, alteridad alguna. De ahí deriva el sentido espiritual de la naturaleza cultivado en el sufismo. Con todo, los sufíes saben bien que ver a Dios únicamente en la naturaleza constituye un grave error metafísico, ya que Él está por encima de toda forma, si bien se manifiesta a sí mismo también a través de las formas naturales.

En otras palabras, el mundo es el escenario en el que se colma el deseo de extroversión de Dios, que se ve a sí mismo en todo, incluido el ser humano, que no constituye sino el lugar teofánico privilegiado en el que la vida se hace consciente de sí misma. «Mi misericordia es omnímoda»,[14] afirma Dios en el Corán hablando de sí mismo. Recuérdese que, para el islam, el texto coránico no es sino un monólogo de Dios. Por consiguiente, el mundo existente (*wuyud*) es el espacio de la extroversión (*yud*) pura, libre y gratuita de la misericordia de Dios (*rahma*), algo que aparece explicitado incluso en la correspondencia léxica de la raíz gramatical de ambos términos árabes: el mundo (*wuyud*) y la extroversión (*yud*) de Dios, entendido aquí bajo el calificativo de *Rahmán,* esto es, el Misericordioso, dador y multiplicador de vida, ya que en el Corán *Al·lah,* «Dios» en árabe, y *Rahmán,* el Misericordioso, aparecen prácticamente identificados entre sí: *«Invocad a Al·lah* [Dios] *o invocad al Rahmán* [el Misericordioso]».[15]

He ahí la visión simbolista del cosmos que posee el sabio sufí, fundada en la transparencia metafísica de los fenómenos –la expresión es de Frithjof Schuon–, según la cual no ve las cosas en superficie tan solo, en su dimensión horizontal, sino sobre todo en profundidad, esto es, atendiendo a su dimensión vertical. Rumí lo expresa así:

> «Cada forma que ves posee su arquetipo en el mundo divino, más allá del espacio; ¿qué importa que perezca la forma, si su modelo celestial es indestructible? Cada forma hermosa que hayas visto, cada palabra que hayas oído, no te aflija que todo eso tenga que perderse, pues no es así. La fuente divina es inmortal, y de su caño mana el agua sin cesar; y si ni caño ni fuente pueden detenerse, ¿de qué te lamentas entonces? A partir del momento en que entraste en este mundo de la existencia, ante ti se puso una escala».[16]

Nada es sin porqué en el mundo, sino que todo posee una razón de ser, más allá de que el ser humano llegue o no a su comprensión más profunda. Al fin y al cabo, cada hombre lee aquello que puede comprender. Se dice en el texto coránico: «¡Señor, no has creado todo esto en vano!».[17] Justamente, la continua exhortación a la contemplación de los signos divinos y a la meditación sobre ellos que hallamos en el Corán, como veremos a continuación, apela al despertar del ser humano a un conocimiento más certero y elevado de la realidad. Pero, ayudémonos de la hermenéutica filológica, recurso, por otro lado, tan sufí. Y es que las palabras contienen auténticos tesoros etimológicos, máxime en el caso de la lengua árabe, cuya ductilidad y plurivalencia oximorónica –la expresión es de Luce López-Baralt– resultan proverbiales.

La mirífica capacidad alusiva del árabe estriba en las múltiples posibilidades asociativas que ofrecen sus raíces léxicas trilíteras, lo cual permite realizar un revelador juego de correspondencias semánticas. Un ejemplo inmejorable lo hallamos en las palabras *'alam,* «mundo», *'alama,* «signo» o «símbolo», *'ilm,* «conocimiento» y *'alim,* «sabio». Todas ellas comparten una misma raíz léxica, lo cual viene a corroborar cuanto hemos dicho acerca del mundo como espacio de mostración de los signos divinos y estos como medio de conocer a Dios. Resumiendo, este mundo es el mundo de los símbolos, dado que no contiene nada que no sea un símbolo, o, lo que es lo mismo, un signo de Dios. De ahí que, como sostiene Martin Lings, «el simbolismo es lo más importante de la existencia, y es a la vez la única explicación de la existencia».[18]

Contemplación de los signos divinos

Son ciento cincuenta las ocasiones en las que se mencionan en el Corán conceptos como «razonar» (*ta'aqqul*), «ponderar» (*tadabbur*) y «contemplar» (*tafakkur*), término árabe este último que también podemos traducir por «meditar». Ya dijimos anteriormente que el Corán no apela al sentimentalismo o la fe, sino a la capacidad intelectiva del ser humano. Y es, justamente, en el ámbito del sufismo, en tanto vía de conocimiento, donde dichos conceptos han adquirido su verdadera dimensión, habiendo llegado a formar parte de la educación espiritual de los aspirantes a la senda interior.

En numerosos pasajes del Corán se exhorta, explícitamente, al ser humano a la contemplación reflexiva de los signos divinos como forma de apertura a lo real. Sirvan como botón de muestra las siguientes aleyas: «Él es quien ha extendido la tierra y puesto en ella montañas firmes, ríos y una pareja en cada fruto. Cubre el día con la noche. Ciertamente, hay en ello signos para gente que reflexiona».[19] «Y ha sujetado a vuestro servicio la noche y el día, el sol y la luna. Las estrellas están sujetas por su orden. Ciertamente, hay en ello signos para gente que razona».[20]

En efecto, no todo el mundo ve lo mismo cuando mira, dado que el ser humano no usa la vista del mismo modo. Se precisa haber sutilizado los sentidos, lo hemos avanzado ya, a fin de percibir la naturaleza real de las cosas en su contexto total, o lo que es lo mismo, ver las causas en los efectos y los efectos en las causas. Los sufíes distinguen las distintas formas de aprehensión de la realidad mediante la expresión «el hombre de dos ojos», extraída del siguiente pasaje coránico: «¿No le hemos dado al ser humano dos ojos? [...] ¿No le hemos mostrado las dos vías?».[21] Para los sufíes, el ojo derecho es el que le permite al ser humano captar lo principal en el interior de lo manifestado, esto es, la unidad subyacente de la existencia, lo divino en todas partes, el rayo vertical, en expresión, nuevamente, de Frithjof Schuon; mientras que con el izquierdo es con el que ve la multiplicidad objetual y fluctuante del mundo fenoménico, con el que construye la visión dual de las cosas. El problema estriba en que el ojo derecho permanece atrofiado casi siempre y, en la mayoría de la gente, es solo una posibilidad latente, sin visos de actualización.

Por su parte, la apertura del ojo derecho, que es, en definitiva, el ojo del corazón (*'ayn al-qalb*), órgano de la visión interior, posibilita ver todas las cosas en Dios y a Dios en todas las cosas. Porque mientras que el hombre religioso común, sobre todo el de tendencias ascéticas, solo ve a Dios, o al menos eso pretende, el sufí es quien ha conseguido ver a Dios, su belleza y majestad, en todas partes y circunstancias. En otras palabras, el sufí ve a Dios en todo y todo en Dios, sin que ello implique apartarse del mundo, puesto que el sufismo es una tradición espiritual con un fuerte sentido comunitario, que no aboga en ningún caso por el aislamiento. La soledad, la santa soledad del sufí se vive en comunidad. Para el sabio sufí, vivir en y con Dios significa vivir con y entre los hombres. Ser un contemplativo y vivir en sociedad no son, a ojos islámicos, realidades antitéticas, sino todo lo contrario. Ciertamente, el hombre nace y muere solo, pero vive en compañía. Un viejo proverbio árabe dice que «al que no va al zoco una vez a la semana, se le muere el corazón».[22]

La contemplación constituye uno de los pilares fundamentales de la pedagogía espiritual sufí. Dice así un *hadiz* atribuido al profeta Muhammad: «No hay mejor acto de adoración que la contemplación». Tal como hemos expuesto a lo largo de estas páginas, la contemplación está vinculada en el sufismo a los signos divinos, cuya presencia se hace más evidente en la naturaleza virgen y sus ritmos. La importancia espiritual de la naturaleza, en tanto obra creativa de Dios, aparece especialmente subrayada en el texto coránico. En la naturaleza contempla el sufí la belleza y la majestad divinas. Para él, belleza y cognición están estrechamente vinculadas a través de la contemplación. Pero, para ello, es preciso ir más allá de las apariencias y de la mera sensación estética, que nada tiene que ver con la contemplación tal como es concebida y practicada por los sufíes.

Y es que ante la belleza, ya se trate del arte, las creaciones humanas o la naturaleza, en cuanto espacio teofánico primordial, caben dos actitudes: la sensación estética o la contemplación. La primera, que solo es de orden sensorial, conduce al descentramiento y la dispersión, mientras que la contemplación, que es la del sabio sufí, desemboca en la concentración y el recogimiento interior, sin que ello anule la sorpresa como un hecho enriquecedor de la vida. Pues el sentido del asombro, que no es sino otra forma de referirse a la expectación y el misterio derivado de la contemplación de los signos divinos, forma parte intrínseca de la senda sufí.

Siguiendo fielmente el ejemplo del profeta Muhammad, los sufíes han mantenido a lo largo de los siglos una singular relación con el libro abierto que es la naturaleza, y más concretamente de la naturaleza virgen, de la que han extraído innumerables enseñanzas que aparecen sintetizadas en las siguientes palabras de Frithjof Schuon:

> «La naturaleza está estrechamente vinculada con la santa pobreza y también con la infancia espiritual; es un libro abierto cuya enseñanza de verdad y belleza nunca se agota. Es en medio de sus propios artificios como el hombre se corrompe más fácilmente, son ellos los que le vuelven ávido e impío; cerca de la naturaleza virgen, que no conoce ni agitación ni mentira, el hombre tiene oportunidades de permanecer contemplativo como la misma naturaleza lo es».[23]

Notas

1. Corán *41, 53*. Para las citaciones coránicas, utilizamos la traducción y edición de Julio Cortés, salvo algunas ligeras modificaciones nuestras: *El Corán*. Herder, Barcelona, 1995, quinta edición revisada.
2. Corán *68, 1*.
3. Corán *96, 1-5*.
4. Corán *2, 115*.
5. Cf. Bárcena, Halil. *Perlas sufíes. Saber y sabor de Mevlânâ Rûmî*. Herder, Barcelona, 2015, pág. 133.

6. Corán *42, 11*.
7. Corán *24, 35*.
8. Schuon, Frithjof. *Cartas de un maestro espiritual*. J.J de Olañeta, Palma de Mallorca, 2015, pág. 185.
9. Corán *12, 105*.
10. Corán *17, 44*.
11. *Mesneví* Vol. I, v. 3279. Traducción del autor.
12. Cf. Noguera, Montserrat; Solanas, Padma, y Bárcena, Halil. *La fuente de la salud. Una aproximación a la medicina integrativa*. Paidós, Barcelona, 2015, pág. 26.
13. Cf. Corbin, Henry. *Historia de la filosofía islámica*. Trotta, Madrid, 1994, pág. 297.
14. Corán *7, 156*.
15. Corán *17, 110*.
16. Citado en Schuon, Frithjof. *El sol emplumado. Los indios de las praderas a través del arte y la filosofía*. J. J. de Olañeta, Palma de Mallorca, 1992, pág. 38.
17. Corán *3, 191*.
18. Lings, Martin. *Símbolo y arquetipo. Estudio del significado de la existencia*. J.J. de Olañeta, Palma de Mallorca, 2006, pág. 7.
19. Corán *13, 3*.
20. Corán *16, 12*.
21. Corán *90, 8 y 10*.
22. Citado en Aya, A., y Monturiol, Y. *El tiempo de la Baraka*. Almuzara, Córdoba, 2014, pág. 29.
23. Schuon, Frithjof. *Miradas a los mundos antiguos*. J.J de Olañeta, Palma de Mallorca, 2004, pág. 99.

Espejo del arte y la naturaleza[1]

La contemplación alquímica

Raimon Arola (Tarragona, 1956), doctor en Filosofía y Letras, profesor de la Universidad de Barcelona y uno de los más prestigiosos especialistas en simbología sagrada, arte y tradición hermética. Ha impartido numerosos seminarios en diferentes universidades, ha sido colaborador de la revista *La Puerta. Retorno a las fuentes tradicionales* e investigador en diversos proyectos y grupos de investigación. Actualmente es el director de Arsgravis (www.arsgravis.com) y participa en el grupo de investigación de la Bibliotheca Mystica et Philosophica Alois M. Haas.

Ha publicado numerosos libros, entre los que son de destacar: *Cuestiones simbólicas. Las formas básicas* (Herder, 2015), *El símbolo renovado. A propósito de la obra de Louis Cattiaux* (Herder, 2013), *La cábala y la alquimia en la tradición espiritual de Occidente. Siglos XV-XVII* (J.J. de Olañeta, 2012), *Los amores de los dioses. Mitología y alquimia* (Altafulla, 2009), *Alquimia y religión. Los símbolos herméticos del siglo XVII* (Siruela, 2008), *Creer lo increíble. Lo antiguo y lo nuevo en la historia de las religiones* (Arola, 2006), y *Las estatuas vivas: ensayo sobre arte y simbolismo* (Obelisco, 2004).

Los alquimistas dicen que el conocimiento experimental de la Primera Materia es el principio necesario para comenzar un proceso que les conducirá a la realización de su Obra. A esta realización la denominan Piedra filosofal o celeste, pues ella corona la creación y la desvincula del tiempo, unas afirmaciones que creemos que deben entenderse en el sentido que apuntó Louis Cattiaux: «El sabio prefiere la actualidad divina a todos los pasados, a todos los presentes y a todos los futuros del mundo»;[2] es decir, que el alquimista contempla y penetra en el eterno presente de la completitud divina.

Por eso, el proceso que conduce a la Obra alquímica a veces se ha comparado a la visión en un espejo, un espejo mágico, que primero es oscuro y que gracias a unas sucesivas purificaciones llega a convertirse en un espejo translúcido en el que el adepto se reconoce en su realidad divina,[3] pues, ¿acaso el espejo no refleja precisamente a quien lo contempla?

A principios del siglo XVII, Stephan Michelspacher, un personaje enigmático y estrechamente relacionado con el movimiento rosacruz, confeccionó un opúsculo muy significativo respecto a lo que acabamos de apuntar, titulado: *Cábala, espejo del arte y la naturaleza, en alquimia*. En él, el autor se propone «explicar toda la verdad con claridad, en pocas palabras, sacada a la luz mediante unas figuras adjuntas». A estas figuras, Michelspacher las denomina «espejos», y en la corta introducción que da inicio al libro escribe lo siguiente respecto a ellas:

> «Me he propuesto exponer a mis semejantes con las figuras o imágenes, como por medio de un espejo, esta purísima luz, y comunicarla, por la cábala y el arte de la alquimia, a todos los amantes de la naturaleza y el arte, y a quienes son experimentados en los trabajos espagíricos. Con ellas, espero, tendrán ante los ojos un conocimiento perfecto del espejo, a fin de que, gracias a este conocimiento, recojan libremente y según su voluntad frutos y provechos, en primer lugar, los que contribuyen a la vida y a la salud del cuerpo humano, y seguidamente para obtener un sustento temporal, tanto para el cuerpo como para el alma, como conviene a una vida cristiana, para que sea muy fecunda con vista a la vida eterna».[4]

Las cuatro láminas (figuras 1, 2, 3 y 4) que componen el opúsculo son imágenes para contemplar y para conducir al lector hacia el auténtico misterio cristiano; aunque en dichas representaciones, salvo quizá en la última, se muestren alegorías más próximas al paganismo que al cristianismo. En esta última imagen, que «contiene la multiplicación», se representa la fuente de la vida eterna relacionada con el agua y la sangre que brotan del costado de Jesucristo. Un espejo, en el que Michelspacher afirma: «veo perfectamente a Dios y todas las cosas».[5] Así, en el espejo en el que el adepto debería verse a sí mismo, Michelspacher contempla a Dios multiplicándose para regenerar a toda la creación.

Los alquimistas encontraron en la mitología clásica la mayoría de las imágenes que después les sirvieron para describir

Figura 1

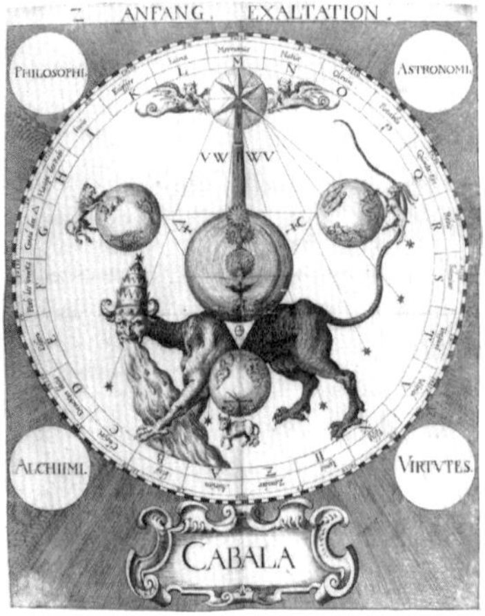

Figura 2

Figura 3

Figura 4

el proceso que contemplaban en su espejo mágico. Utilizaron los mitos grecorromanos para explicar el origen, el desarrollo y el fin de la creación que transcurría en el interior del vaso filosófico, y recrearon a los dioses en su atanor.[6]

En su obra *Le Fil de Pénélope*, Emmanuel d'Hooghvorst aludía al fenómeno que acabamos de describir, puesto que, según este autor: «La intención de los grandes poetas de la Antigüedad era la revelación y no la "literatura", por lo que la función de los aedos era profética».[7] Por eso, los sabios renacentistas podían servirse del velo de las fábulas mitológicas para exponer los misterios de las transmutaciones metálicas. El propio D'Hooghvorst se refiere al fin del proceso en uno de sus comentarios a la *Odisea*:

> «Proteo revela a Menelao el destino de los adeptos del arte, la apoteosis o elevación al rango de los dioses [...]. Así pues, los misterios de la palingenesia o nuevo nacimiento son universales, al igual que la tradición y la enseñanza que a ellos se refieren. Según la historia romana, al final de su existencia terrestre Eneas y Rómulo también habrían conocido esta apoteosis».[8]

El autor relaciona el final apoteósico del adepto con el retorno del protagonista de la *Odisea* a su hogar, pues, según explica, el errante Ulises, que simboliza el oro celeste llamado también *Alma del Mundo*, solo llega a su perfeccionamiento cuando se consuma la unión con la esposa fiel que, pacientemente, le espera en, o, quizá más exactamente, con la *Tierra* que ella representa. Penélope teje la trama de la nueva encarnación, de la misma manera que lo hacían las ninfas en el antro descrito por Porfirio,[9] el lugar secreto donde se produce la metamorfosis del espíritu en cuerpo. Los pretendientes de Penélope, «esos químicos sin genealogía instalados en su casa» según D'Hooghvorst, son parásitos que se aprovechan de las riquezas de la naturaleza, pero que no engendran nada. En cambio, del encuentro entre Ulises y Penélope, es decir, de la unión del cielo y la tierra, nacerán los inmortales o «dioses químicos».

Maier, en su tratado *Arcana arcanissima*, sistematizó la interpretación alquímica de los mitos egipcios y griegos y escribió: «Osiris e Isis, igual que Vulcano y Mercurio, los principales dioses intelectuales, son dioses químicos, no *celestes*, sino *subterráneos* y nacidos por el arte».[10] Los dioses, al igual que los metales alquímicos, se engendran en el proceso de la Gran Obra; fuera de ella, su devenir es solamente un tema de literatura, de sociología o de psicología.

Gracias a los «dioses subterráneos», los autores contemporáneos de Maier pudieron relacionar el proceso alquímico con los textos del *Corpus hermeticum*, de influencia platónica. En este sentido es relevante el fragmento siguiente en el que Hermes Trismegisto explica a Asclepios la manera de «construir dioses»:[11]

> «–Respecto al tema del parentesco y la asociación que une a hombres y dioses, conoce pues, oh Asclepios, el poder y la fuerza del hombre. Igual que el Señor y Padre o, para darle su nom-

bre más alto, Dios, es el creador de los dioses del cielo, así el hombre es el autor de los dioses que residen en los templos y se satisfacen con la vecindad humana: [el hombre] no sólo recibe la luz, sino que a su vez la da, no sólo progresa hacia Dios, sino que crea dioses. ¿Te admiras, Asclepios, o también tú estás falto de fe como la mayoría?

–Estoy confundido, oh Trismegisto; pero me rindo de buen grado a tus argumentos, y tengo al hombre por infinitamente dichoso, puesto que ha obtenido una tal felicidad.

–Cierto, merece que se le admire, aquel que es el más grande de todos los seres. Es una creencia universal que la raza de los dioses ha surgido de la parte más pura de la naturaleza y que sus signos visibles no son, por así decirlo, más que cabeza, en lugar y sitio del cuerpo entero. Pero las imágenes de los dioses que modela el hombre han sido formadas de dos naturalezas, de la divina que es más pura, infinitamente más divina, y de la que se halla más acá del hombre,[12] quiero decir de la materia con que lo han fabricado; además sus figuras no se limitan tan sólo a la cabeza, sino que poseen un cuerpo entero con todos sus miembros. Así, la humanidad, que siempre recuerda su naturaleza y su origen, lleva la imitación de la divinidad hasta tal punto que, al igual que el Padre y Señor han dotado a los dioses de eternidad para que le fuesen semejantes, así el hombre modela sus propios dioses a semejanza de su imagen.

–¿Te refieres a las estatuas, oh Trismegisto?

–Sí, a las estatuas, Asclepios. ¡Mira cómo tú mismo careces de fe! Son estatuas provistas de alma, llenas de sentido y de espíritu, y que realizan una infinidad de maravillas; estatuas que conocen el porvenir y lo predicen por sortilegios, inspiración profética, sueños y muchos otros métodos; que envían a los hombres las enfermedades y los curan, que otorgan, según nuestros méritos, el dolor y la alegría».[13]

El fragmento del *Corpus hermeticum* que acabamos de leer es, con seguridad, el que mejor y más claramente relaciona los misterios teológicos con los alquímicos. Las estatuas de los dioses, al igual que los milagros de una única cosa que aúnan lo superior con lo inferior y a los que se refiere la *Tabula smeragdina*, están fabricadas por hombres que actúan como demiurgos.[14] Sin conocer las propuestas de la alquimia, las palabras de Hermes Trismegisto parecen referirse solo a la hechicería. Así sucedió en la Edad Media cuando este texto, el único de Hermes conocido en la época, cayó en descrédito a causa de sus propuestas. Pero si se comprende que las estatuas a las que se refiere tienen que ver con la Piedra filosofal, el texto reencuentra su sentido original, que no dista del propio de la mitología.

Henry Corbin también se refirió al tema de las estatuas en un estudio sobre un texto musulmán titulado *Le Livre des sept Statues*, un documento capital por varias razones. En primer lugar, porque se trata de la transmisión de un texto griego del que solo se dispone de la versión árabe. En segundo, porque es el mayor testimonio de la tradición hermética del islam. Y por último, porque ilustra respecto a la concepción de la alquimia presentándola como un arte hierático o divino. Las estatuas de las que trata, auténticos demiurgos, son «vivientes y parlantes porque no están hechas de un metal común, sino de un metal "filosófico" proveniente de la operación alquímica y por eso son aptas para cumplir su función sacerdotal en el templo».[15] Estas son las palabras de Corbin:

> «El tema del "sacerdote", que caracteriza y domina esta concepción del arte hierático, confiere una función sacerdotal a la estatua, porque su "metal" resulta de un arte totalmente distinto de aquel del simple escultor o hacedor de imágenes. Este tema ya aparecía en el alquimista Zósimo de Panópolis (siglo III a.C.), quien formuló perfectamente la doble operación que constituye, de hecho, la operación alquímica; por una parte debe separarse el espíritu del cuerpo y después reunir el espíritu con el cuerpo. Los metales están constituidos por un espíritu y un cuerpo y, precisamente por eso, la operación alquímica será meditada y contemplada de tal modo que sus dimensiones se amplifiquen hasta las de las transmutaciones del hombre interior. Que el espíritu se convierta en cuerpo y que el cuerpo se convierta en espíritu, que se trate, pues, de un cuerpo regenerado sutil y totalmente espiritual, es lo que según los metafísicos iranios será la condición propia del *mundus imaginalis*. Por eso, Zósimo dice: El cobre se representa como un sacerdote (*kalkantropos*, hombre de cobre) que procede al sacrificio de la serpiente Uroboros, y que, después de haber separado y recompuesto de nuevo los miembros de la serpiente, se convierte él mismo en un hombre de plata (*argyrantropos*), y por fin en un hombre de oro».[16]

El proceso que conduce a la creación de unas estatuas vivas, que simbolizarían a los dioses, reproduce las metamorfosis de la Gran Obra alquímica, pues, como escribió Maier, lo que se crea «son dioses químicos, no "celestes", sino "subterráneos" y nacidos por el arte».

También Hesíodo, en su *Teogonía*, contempla el árbol genealógico de los dioses; desde el principio tenebroso del Caos hasta los pormenores de los dioses olímpicos, un proceso que, si se lee desde la alquimia, corresponde a la descripción de aquello que el adepto contempla dentro de su vaso. Desde el *opus nigrum* o espejo oscuro, hasta el espejo translúcido u oro vivo.

Teogonía significa «nacimiento u origen de los dioses», «genealogía o devenir de los dioses». La obra comienza con una extensa invocación a las hijas de Zeus y Mnemósine, las musas que habitan en el monte Helicón, pues fueron quienes inspiraron al poeta «la voz divina» para cantar el futuro y el pasado de la estirpe de los inmortales.[17] Los *athanatoi*, «inmortales», son los que desconocen la muerte, unos seres eternos sin principio ni fin. Sin embargo, en el poema de Hesíodo se describe su nacimiento; esta paradoja es un enigma que solo puede ser leído en la escuela de las musas cuando, como dice el poeta, «quieren cantar la verdad».[18]

Como hemos dicho, el poema de Hesíodo muestra la genealogía divina. Después del Caos y otros seres maravillosos, nace Urano, que representa el cielo y todos sus ornamentos, quien se unirá a Gea, la Tierra, para engendrar a los titanes. El titán cuya descendencia reviste mayor importancia es Cronos, pues a partir de él se llega a la generación divina de los Olímpicos. Una maldición pesaba sobre Cronos, pues, después de destronar a su padre gracias a Gea, rehusó darle satisfacción. Gea prometió entonces que también él sería destronado por sus hijos. Para prevenirse contra esta amenaza, Cronos devoraba los hijos que Rea le daba. Se comió a los cinco primeros, pero cuando estaba a punto de nacer el pequeño Zeus, Rea decidió salvarle. Con la complicidad de Gea, salvó a Zeus, quien creció y adquirió su fuerza divina. Cuando llegó el momento del cumplimiento de la promesa, Metis, hija de Océano y pareja de Zeus, le proporcionó una droga gracias a la cual Cronos vomitó a los hijos que había devorado devolviéndoles a la vida. Con estos aliados, Zeus atacó a Cronos y a los titanes que habían acudido en su auxilio. La lucha duró diez años. Finalmente venció Zeus, que distribuyó el universo entre sus hermanos y forjó la estirpe de los dioses olímpicos.

Así pues, desde el primer engendramiento del Caos hasta el reinado de Zeus y los dioses olímpicos, acaecieron diversas luchas, que según la exégesis alquímica no serían sino imágenes fabulosas de los procesos y cambios de la Gran Obra. En ellas, el alquimista contempla «el divino misterio de la creación de Dios».

Además, Hesíodo precisa que las Musas que le inspiran bailaban en torno a una «violácea fuente» (*Teogonía* 3), lo que no deja de ser una clara alusión al color del espejo de los alquimistas y de los cabalistas, el famoso *hashmal* que aparece en los textos exegéticos judíos que se refieren a la visión de Ezequiel. D'Hooghvorst, que aludió varias veces a este misterio, escribió lo siguiente respecto a su relación con la alquimia:

> «A través del cristal de su atanor [...], el discípulo del arte contempla maravillado el único tesoro de la vida, y dicha contemplación se desarrollará poco a poco en su espíritu y en su corazón como el suntuoso poema de esta Naturaleza entera, que se muestra a él».[19]

Este autor escribe Naturaleza con mayúscula, pues, según los alquimistas, la santa mitología no habla de la naturaleza caída, que es la realidad exterior que se observa a simple vista; en este sentido tienen razón quienes dudan de la existencia de los dioses y creen tan solo en una creación imperfecta, habitada por la muerte. El alquimista, sin embargo, contempla la oculta realidad interior de la Naturaleza y de sí mismo, y en esta contemplación se produce la «teogonía», o el «nacimiento de los dioses».

La edición primera y más antigua de la obra de Barent Coenders van Helpen, *Escalier des Sages ou Thrésor de la Philosophie des Anciens*, fue realizada por C. Pieman en 1686, y contiene una serie de grabados espléndidos.[20] Se trata de doce imágenes, más el frontispicio, en las que la relación entre mitología y alquimia aparece de un modo explícito. Cada uno de los grabados explica mediante una frase acróstica y un pasaje mitológico uno de los principios de la alquimia. El primer grabado se refiere a la alquimia, le siguen el caos, el calor, el amor, el fuego, que aparece en dos ocasiones, el aire, el agua, la tierra, el azufre, el mercurio y, por último, la sal.

La imagen (figura 5) dedicada a la alquimia (*alchimia*) se explica con la frase siguiente: «El arte laborioso convirtiendo la humedad ígnea de los metales en Mercurio».[21] El grabado representa al alquimista acompañado de algunos libros y señalando a cuatro dioses provistos de distintos aparatos de laboratorio. Así, el alquimista muestra a los componentes de la Gran Obra, representados por los hijos de Cronos, Plutón, Poseidón y Zeus, sobre un fondo donde se adivina el mar, el fuego de un volcán y el amplio cielo. Los gobernantes de las tres naturalezas de la creación se encuentran con Mercurio (Hermes) o la quintaesencia, que permite la conjunción de los tres mundos. Dicho en palabras de Maier: «Los mandatos de los dioses, Mercurio los ejecutaba en el "mar", en el "cielo" y en la "tierra"».[22]

Después vienen dos grabados que representan, uno el caos (figura 6) y el otro el calor (figura 7), tal vez aludiendo al principio de la *Teogonía* donde se explica que primero fue el Caos y que Eros, es decir el calor, fue el primer dios. Coenders van Helpen utiliza la estética creada por Fludd para mostrar el caos y el orden. La frase acróstica que se refiere al caos (*chaos*) es: «Calor, humedad, frío, sequedad oculta», y la del calor es: «El omnipotente autor de la luz todo lo rige». Los grabados siguientes son las imágenes que aparecen cuando el calor o fuego divino comienza a ordenar el caos.

P·I
ALCHIMIA
Ars Laboriosa Convertens Humiditate Ignea Metalla In

Figura 5

Caos significa «abertura», «abismo», «espacio inmenso y tenebroso que existía antes del origen de las cosas», y también «masa confusa de los elementos esparcidos en el espacio». Desde que, en la época helenística, se dieron a conocer al mismo tiempo la *Teogonía* de Hesíodo y el *Génesis* bíblico, ambos textos se han venido relacionando, porque los dos explican el principio de una creación y también porque, según la leyenda, tanto Moisés como Hesíodo aprendieron la Gran Obra, o el Gran Arte, de los alquimistas egipcios. Así lo entiende Guillaume Mennens en su tratado *La Toison d'or* cuando escribe respecto a esta primera creación:

> «Sobre esta agua ya creada o abismo hubo, está dicho, las tinieblas, porque esta materia en su interior y en su exterior era tenebrosa y no poseía nada de luz. Así pues, a lo que Moisés denomina abismo, los gentiles le han dado el nombre de caos. Es lo que Hesíodo ha declarado en su *Teogonía*: "Primeramente, por cierto, fue Caos, [...] y de Caos, Tinieblas y la negra Noche nacieron". Y ésta es la razón por la cual en el mismo pasaje no está dicho que Dios vio que el abismo era bueno».[23]

Según los alquimistas el abismo, o caos, es el origen del barro vivificante, al que llaman «su» tierra filosófica, que a la vez es «su» nodriza, esposa y madre. D'Hooghvorst escribió sobre esta materia relacionándola explícitamente con el hombre y también con un espejo en el que el hombre se contempla:

> «[Se llama *adamah*] la tierra de la cual el hombre [*adam*] ha sido hecho; es para él como su madre y su nodriza, y está ligada a él por un lazo de simpatía natural; él se instruye con su contacto, ella es para él como un espejo en el que él se contempla».[24]

Por este motivo, de entre todos los inmortales posteriores al Caos, la Tierra adquiere un relieve especial, pues es el origen de todo lo creado, incluyendo los más importantes linajes divinos. Sin embargo, lo más sorprendente del poema de Hesíodo es que Urano, el cielo, la cúpula celeste y todo lo que en ella existe, nazca de la Tierra: «Gea procreó –escribe Hesíodo–, primeramente, igual a sí misma, a Urano estrellado, porque todo alrededor la cercara y fuera de los dioses bienaventurados cimiento seguro».[25] Urano, nacido de Gea, representa el cielo de infinitos ojos, en el que habitan los dioses, tal como explica Dom Pernety, cuando en su *Dictionnaire mytho-hermétique*, define la voz «cielo» y dice: «Este término tiene diferentes sentidos según los filósofos herméticos. En general, se toma por el vaso de los sabios, donde habitan Saturno, Júpiter y los demás dioses».[26]

Parece evidente, pues, que se trata de un cielo filosófico, es decir, un cielo terrestre, «cimiento seguro de los dioses bienaventurados», que primero es oscuro, pero que poco a poco se va iluminando hasta que brilla como un espejo de oro. Guillaume Mennens termina el fragmento que hemos citado anteriormente diciendo:

> «El dicho cielo no significa los cuerpos celestes, lo que se hace evidente por lo que sigue, cuando el mismo profeta afirma: "Dios dijo: 'Hágase un firmamento en medio de las aguas', y separó las aguas de las aguas. Y Dios denominó al firmamento cielo" (Gn 1, 6-7). En este firmamento, el cuarto día, por fin, colocó las grandes luminarias, a saber, el sol y la luna y todos los demás astros, los llenó de todo su ornamento, o mejor dicho de toda la armada de ángeles y espíritus celestes, y los hizo brillar».[27]

En el esplendor de esta tierra celeste, o cielo terrestre, los poetas contemplaron cómo los metales vulgares se convertían en brillantes dioses olímpicos, y nunca mejor dicho, pues Olimpo significa en griego: «todo luminoso», «todo brillante».

Según la interpretación alquímica, los vástagos de la Tierra y el Cielo serían la luz surgiendo de la oscuridad y manifestándose. El gramático Varrón escribió sobre el origen etimológico del nombre de Júpiter, el dios romano equivalente a Zeus, y lo relacionó con el tema que nos ocupa:

> «Precisamente esta característica es la que mejor pone de manifiesto el más antiguo nombre de Júpiter: antaño se le denominaba *Diovis* y *Diespiter*, esto es, *dies pater* (padre-día). Los entes derivados de él se denominan *dei* (divinidades); el mismo origen es el de *dius* (dios) y *divum* (cielo)».[28]

Las etimologías de las palabras que significan «dios» en las lenguas indoeuropeas confirman esta hipótesis pues relacionan

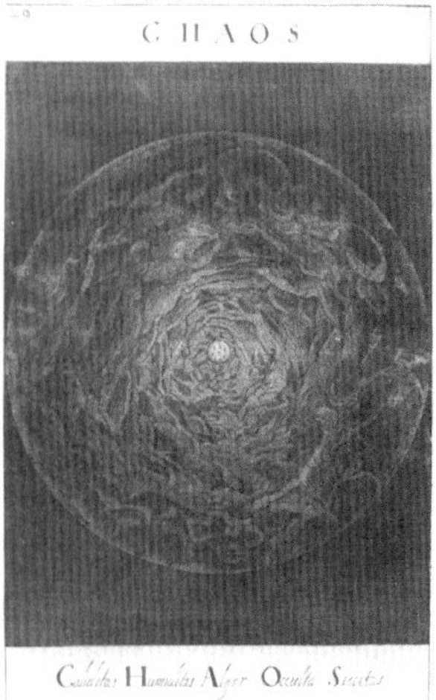

Figura 6

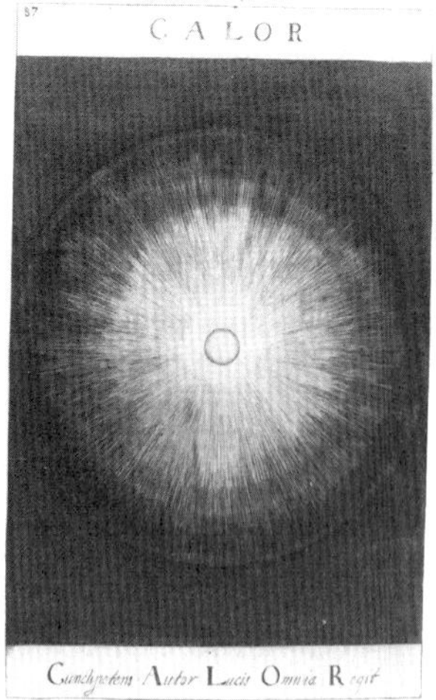

Figura 7

Figura 8

Figura 9

inequívocamente dicho vocablo con la luz. Mircea Eliade lo resume del modo siguiente:

> «Desde que empezó a estudiarse este tema se reconoció el radical indoeuropeo *deiwos*, "cielo", en los términos que designan al "dios" (lat. *deus*, sáns. *deva*, iran. *div*, lit. *diewas*, ant. germ. *tivar*) y en los nombres de los principales dioses: Dyaus, Zeus, Júpiter. La idea de lo divino aparece vinculada a la sacralidad celeste, es decir, a la luz».[29]

La etimología nos conduce de nuevo al sentido hermético de los dioses creados en el proceso de la Gran Obra, quizá por eso D'Hooghvorst escribió la siguiente sentencia respecto al Olimpo: «En el Olimpo se enciende naturaleza con espíritu y con sentido, dulce lámpara del Sabio y demonio de los hendidos».[30] Los dioses se «encienden» en el Olimpo, y el hombre los vislumbra y los conoce cuando el espejo alquímico brilla con nitidez. Entonces contempla su existencia real, dejan de ser meras abstracciones de la inteligencia o del subconsciente humano para convertirse en secretas hierofanías.

De entre las leyendas que describen el nacimiento de los dioses destaca por su simbolismo el hallazgo de la estatua de Hermes Trismegisto. Ya desde la antigüedad, el relato de tal acontecimiento sirvió para reconstruir el sentido alquímico de la mitología. Por Hermes Trismegisto, se entienden tanto un dios, un hombre y la materia de la alquimia, y cuando los alquimistas quisieron representar la imagen jeroglífica original que sintetizara su arte, la encontraron en la estatua de Hermes Trismegisto; una imagen total y única que incluía la completitud del misterio alquímico, algo así como el jeroglífico original.

Según los textos islámicos que acunaron la alquimia cristiana, este jeroglífico debía estar indisolublemente unido al primer eslabón de la historia alquímica, es decir, al mismo Hermes Trismegisto, ya fuera como una creación suya, o bien que su misma figura fuera el jeroglífico. El personaje no podía disociarse del misterio de la escritura sagrada. Así se cumplía uno de los requisitos más importantes: la posesión de un cuerpo y un espíritu, al igual que las estatuas vivas que profetizaban. La imagen, al incorporar en sí misma la unión de lo superior con lo inferior, era realmente el símbolo de la alquimia.[31]

Un texto de origen musulmán, conocido como *Senioris antiquissimi philosophi libellus*, muy citado por los alquimistas paracelsianos, se ocupó del misterio del hombre-materia-jeroglífico. Así, su autor, después de describir la escena en que Senior Zadith se encuentra en un subterráneo, concluye: «He sabido que la estatua representa al sabio, y lo que se encuentra en la Tabla [...] es su ciencia oculta que ha descrito mediante figuras».[32] Este libro, que fue básico para la alquimia renacentista y barroca, comienza con la siguiente descripción:

> «Senior Zadith, hijo de Hamuel. Entré en una cierta casa subterránea. Después contemplé [...] todas las prisiones ígneas de José. En el techo vi representadas nueve águilas con las alas

> desplegadas y las garras abiertas y en cada garra de las águilas, la imagen de un arco [...]. En el muro de la casa, a derecha y a izquierda, justo al entrar, se veían imágenes de hombres de pie, vestidos de diversos colores, de gran perfección y belleza. Tenían las manos extendidas hacia el interior de la habitación, donde, en uno de los lados, se hallaba una estatua [...]. El personaje estaba sentado sobre una silla como de médico y sobre su regazo, y en sus manos extendidas sobre sus rodillas, se veía una tabla de mármol distinto del de la estatua, de un brazo de largo y un palmo de ancho. Esta tabla era como un libro abierto para quien entrara, como una invitación para examinarla. En la cámara donde estaba sentada la estatua se veían infinidad de imágenes y letras bárbaras».[33]

El texto no lo expresa, pero la estatua que se hallaba en el interior de la extraña casa, que también podría ser un templo o una pirámide, era el propio Hermes Trismegisto, como lo confirman, entre otros ejemplos, el texto y la miniatura de la *Aurora consurgens* que reproduce la escena (figura 8),[34] así como el grabado que acompaña la edición del libro de Senior Zadith, recogido en el *Theatrum chemicum* (figura 9). Hermes es el jeroglífico secreto, la encarnación del pensamiento divino, el sujeto de la Gran Obra.

La leyenda explica que se encuentra en un lugar oculto y secreto, por eso se ha dicho que se trata de la tumba del propio Hermes, o la de Hiram u Osiris. También puede relacionarse este extraño lugar con la cueva de Makpela donde, según las enseñanzas de los cabalistas, Abraham encontró a Adán doblado sobre sí mismo, y con tantos otros ejemplos de distintas tradiciones.

La relación entre el jeroglífico universal y la tumba donde reposan las cenizas, o, en términos alquímicos, la sal, del fundador mítico o real de una tradición es ineludible en cualquier reflexión sobre el simbolismo, pues apunta al misterio de la luz del cielo encerrada en el interior de la tierra, a la que antes hemos llamado la semilla del espíritu. Las cenizas del ancestro serían, en definitiva, la parte divina que permanece en el hombre después de la caída. Un gran tesoro, herencia de la humanidad, pero también un tesoro oculto en «la sombra de la muerte». En ellas estaría escrito, como en la Tabla de Esmeralda, el secreto de la inmortalidad, es decir, lo que es propio de la divinidad.

El misterio de la alquimia parece resumirse en el despertar de la semilla jeroglífica, a la que la masonería denominó «la palabra perdida». Pero para que ello ocurra es necesario un encuentro de esta semilla con aquello que en lenguaje alquímico se denomina el volátil y en el teológico, o místico, la bendición. Cuando se produce esta unión, el famoso matrimonio del cielo y la tierra, comienza la creación, todo se ilumina, los astros aparecen y los adeptos contemplan el secreto de la alquimia a través del cristal de su atanor.

Notas

1. Este texto se basa en el capítulo «El espejo donde nacen los dioses» de mi libro, *Alquimia y religión: Los símbolos herméticos del siglo* XVII. Siruela, Madrid, 2008.
2. *El Mensaje Reencontrado*. Herder, Barcelona, 2011, §7, 54.
3. En el símbolo del espejo que se aclara pueden reconocerse las enseñanzas de san Pablo cuando afirma: «Ahora vemos por un espejo y obscuramente, pero entonces veremos cara a cara. En el presente conozco sólo parcialmente, pero entonces conoceré como soy conocido» (I Cor 13, 12).
4. Cf. Vert, Lluïsa. «Cábala, espejo del arte y la naturaleza, en alquimia de Steffan Michelspacher», en *Imágenes cabalísticas y alquímicas I (La Puerta)*. Arola, Tarragona, 1999.
5. *Ibidem*, pág. 146.
6. Cf. Arola, Raimon. *Los amores de los dioses. Mitología y alquimia*. Alta Fulla, Barcelona, 1999, págs. 9-47.
7. D'Hooghvorst, Emmanuel. *El hilo de Penélope*· Arola. Tarragona, 2002, tomo I, pág. 43.
8. *Ibidem*, págs. 39 y 40.
9. Cf. *Porfirio. El antro de las ninfas de la Odisea*. Gredos, Madrid, 1989, pág. 231.
10. Maier, Michaël. *Les arcanes très secrets*. Beya, Grez-Doiceau, 2005, pág. 28.
11. Este fragmento se conocía en la Edad Media y se había convertido en el principal argumento en contra del hermetismo, pues «la manera de construir dioses» se vinculaba con la magia prohibida por la Iglesia.
12. También se podría traducir por «lo que se encuentra en el interior del hombre».
13. *Obras Completas de Hermes Trismegisto*. Muñoz Moya y Montraveta, Barcelona, 1987, tomo II, págs. 57-59.
14. Cf. Arola, Raimon. *Las estatuas vivas. Ensayo sobre arte y simbolismo*. Obelisco, Barcelona, 1995.
15. Corbin, Henry. *Le livre des sept Statues*. L'Herne, París, 1981, pág. 64.
16. *Ibidem*, pág. 65.
17. Hesíodo: «De las Musas Helicónides empecemos el canto, que habitan en el monte Helicón, grande y divino, / y en torno a la violácea fuente, con pies delicados, danzan...». Hemos utilizado la edición bilingüe preparada por P. Vianello de Córdova: *Hesíodo, Teogonía* 1-3. UNAM, México, 1986.
18. *Ibidem*.
19. D'Hooghvorst, Emmanuel. *El hilo de Penélope*, *cit*., tomo I, pág. 112; cf. *Ibidem*, tomo II, págs. 93 y 94, para los comentarios de D'Hooghvorst respecto al *hashmal* de la visión de Ezequiel, con relación a la obra de Paracelso.
20. Coenders van Helpen, Barent. *Escalier des Sages ou Thrésor de la Philosophie des Anciens*. Pieman, Groningen, 1687; las figuras referenciadas se encuentran correlativamente en las págs. 6, 66, 99 y 173.
21. Se trata de un acróstico, es decir, de una frase compuesta por palabras cuyas iniciales forman otra palabra. En este caso, no está escrito «Mercurio», sino que se ha representado su signo como se utiliza en astrología.

22. Maier, Michaël. *Les arcanes très secrets*, *cit.*, pág. 141.
23. Mennens, Guillaume. «La Toison d'or», en *Le Fil d'Ariane*, n.º 65 y 66, Walhain-St.-Paul 2000, pág. 59.
24. D'Hooghvorst, Emmanuel. *El hilo de Penélope*, *cit.*, tomo I, pág. 318.
25. *Teogonía*, 126-128.
26. Pernety, Dom. *Diccionario mito-hermético*. Bauche, París, 1758.
27. Mennens, Guillaume. «La Toison d'or», *cit.*, pág. 60.
28. Varrón. *De lingua latina*. Anthropos, Madrid, 1990, pág. 51.
29. Eliade, Mircea. *Historia de las creencias y de las ideas religiosas*. Cristiandad, Madrid, 1978, tomo I, pág. 205.
30. D'Hooghvorst, Emmanuel. *El hilo de Penélope*, *cit.*, tomo I, pág. 347.
31. En 1564 John Dee publicó su *Monas hieroglyphica*, y construyó «la imagen» desarrollando el signo astrológico de Mercurio.
32. «Senioris antiquissimi philosophi libellus», en Manget, Jean-Jaques. *Bibliotheca chemica curiosa*. 1702, tomo II, pág. 217.
33. *Ibidem*, pág. 216.
34. Cf. Kahn, Didier. «Alchimie et architecture: de la pyramide à l'église alchimique», en F. Greiner (ed.). *Aspects de la tradition alchimique au XVIIe siècle*, *cit.*, págs. 295-335.

Lo invisible en la materia

Artes plásticas y contemplación

Oriol Texidor (Barcelona, 1974), arquitecto por la Universidad Politécnica de Cataluña. Se forma en las artes plásticas de manera autodidacta mediante un viaje de cuatro años que le lleva a visitar y estudiar los principales museos europeos para conocer la Historia del Arte, y a retirarse un tiempo a las montañas, en solitario, donde empezaría a pintar (orioltexidor.com). En 2007 une su formación como arquitecto con la práctica artística, creando el estudio ar+quitectura plàstica, especializado en intervenciones artísticas en la arquitectura (arquitecturaplastica.com). Ha impartido clases de dibujo, pintura y escultura en distintos centros educativos y es asesor de proyectos artísticos para estudiantes internacionales.

Sus obras se exhiben regularmente, contando con más de un centenar de exposiciones individuales y colectivas. Ha sido galardonado con distintos reconocimientos: Premio-Beca Cal Massó de Arte Contemporáneo (2008), 1.° Premio Concurso Bienal de Pintura Joven de la Generalitat de Catalunya (2004), Premio Internacional del Círculo de Bellas Artes de Lleida (2003), 1.° Premio en el Concurso Jaurena Art de Pintura (2003), Premio a la Pintura Joven Sala Parés (2002), entre otros. Ha sido artista residente invitado por distintos museos nacionales e internacionales. Su obra se halla en colecciones de arte en España, Holanda, Francia, Bélgica, Alemania, Marruecos, Inglaterra, Portugal y Austria.

Escribir sobre artes plásticas y contemplación supone adentrarme en un medio que no es mi elemento, la palabra escrita. Para ello no cuento con más bagaje que el de mi propia experiencia y, solo desde ella, puedo compartir algunas reflexiones e intuiciones que he acertado a describir bajo siete aseveraciones.

La contemplación de determinadas obras de arte puede generar una experiencia reveladora de carácter místico

Mucho se ha escrito sobre este tipo de vivencias, pero en esta ocasión lo corroboro por vía empírica: lo experimenté vivamente en mi adolescencia ante ciertas obras de arte. Tuve lo que se conoce como una experiencia de «mística salvaje». Ciertamente, lo que sentí y evoco en estas páginas corresponde con las características que Michel Hulin recoge en su libro,[1] a saber: ocurre de forma inesperada, en un momento y contexto no buscado, asaltando a la «víctima» de manera imprevisible y espontánea; es inefable, puesto que uno no es capaz de explicar exactamente lo ocurrido pese a la fuerza arrolladora que conlleva; produce una exaltación de las capacidades sensoriales y perceptivas; es irracional, no hay un pensamiento definido ni un juicio intelectual, ni durante la experiencia ni después de esta; se desvanece la dimensión espacio-temporal de la vida corriente; emerge un sentimiento de fusión, de simbiosis molecular entre el propio cuerpo y el mundo entero; se da una exaltación de los sentimientos de paz y felicidad profunda, y se tiene la convicción de estar en contacto con una realidad de orden superior:

> «[...] el placer que yo obtenía de la presencia de esas cosas no me parecía un placer estético... Se trataba de una "relación" misteriosa que se revelaba entre esas cosas y yo. Era como si hubiera reconocido la existencia de un lazo oscuro que nos unía, como si hubiéramos sido solo uno en tiempos muy antiguos».[2]

Todo esto me asaltó inesperadamente frente a unas obras del artista Antoni Tàpies, y fue, a través de ellas, cuando se manifestó lo que ha sido la experiencia más trascendente de mi vida.[3] No voy a entrar a detallar lo ocurrido, pero sí quisiera subrayar la enorme sorpresa que generó en mí. En primer lugar, por la vía de acceso, pues desconocía las propiedades transformadoras del arte y sus irreversibles consecuencias; y en segundo, por su carácter místico, dado mi agnosticismo manifiesto y mi absoluto desinterés –en esos momentos de mi vida– hacia todo lo concerniente al terreno de la espiritualidad. De ningún modo esperaba lo que acontecería cuando todo había empezado como un acto de inocente contemplación artística. De manera inesperada, me sentí receptor de una «manifestación de lo sagrado» a la cual debía dar cobijo para, más adelante, transmitir a mi entorno. Desde ese mismo momento –y aunque por aquel entonces todavía habrían de transcurrir casi diez años antes de que pintara mi primer cuadro– tuve la certeza de que mi vida se vería irremediablemente volcada a transferir esa visión a través del mismo medio que me llegó: el Arte.

En otros términos, podríamos describir ese tipo de vivencia como una «revelación»; y como dice Javier Melloni acerca de las experiencias reveladoras, estas se caracterizan por la fuerte impronta que ocasionan, generando una transformación integral en el individuo.[4]

Evidentemente, la actitud contemplativa no siempre es garantía de vivir una experiencia trascendente de tal magnitud, «puede» ocurrir en algunas ocasiones y ante «determinadas» obras de arte. De entrada me costaría defender qué es una obra de arte, objeto de un debate por definición inacabable. Es justo reconocer también la sensación de que, desde hace ya un tiempo, navegamos en el desconcierto, a causa de mezclar incesantemente en el mismo saco el grano y la paja; hemos perdido la capacidad de discernir y, con ella, la capacidad de apreciar las propiedades nutritivas de los escasos «granos» que el arte genera. Paralelamente, dado que en nuestro contexto sociocultural el ocio equivale mayoritariamente a distracción, nos hemos ido acostumbrando a llenar nuestras horas con entretenimiento astutamente elaborado. En esta «sociedad entretenida», en la que el consumo banaliza incluso el arte, la nueva «veneración» a la cultura-espectáculo propicia la creencia de que el valor del arte es proporcional a su espectacularidad y al reconocimiento mediático del artista, ignorando su posible cualidad como mediador y la cualidad intrínseca de la obra misma.

Así pues, en este contexto fuertemente dominado por la lógica de lo demostrable científicamente, de lo útil a nivel pragmático y de lo rentable económicamente, defender una actitud contemplativa, hoy en día, se percibe mayoritariamente como un acto transgresor. No obstante, coexistiendo con el panorama descrito, hay algunos artistas contemporáneos cuyas obras tienen la capacidad de conseguir algo que es, para mí, un milagro: son «repartidoras de silencio». Entre ellos: Olafur Eliasson, Bill Viola, Anish Kapoor, Antony Gormley, Andy Goldsworthy, Hiroshi Sugimoto, Gerhard Richter, Sean Scully... La lista seguiría.

Ante algunas de sus obras, los visitantes se ven forzados de manera repentina a guardar silencio; toda su atención queda absorbida por el impacto sobrecogedor de la obra. Cabe decir que, normalmente, no suelen ser obras de una gran espectacularidad, más bien al contrario; su atracción se fundamenta en formas muy simples, casi primarias, lo que proporciona cierta sensación de atemporalidad. Y lo realmente asombroso es que ese estado de silencio colectivo puede prolongarse durante minutos o incluso durante horas. Con el tiempo suspendido, nadie dice nada porque nadie siente la necesidad de decir nada. La fuerza secreta de esas obras actúa directamente sobre el alma de los visitantes, a los que tiene atrapados como un imán, rompiendo las coordenadas espacio-temporales de sus quehaceres ordinarios. Además, la mayoría de los presentes, pese a lo desconcertante de la situación, muestra una ligera sonrisa en sus labios; una sensación de paz inunda el espacio.

Allí está la demostración de que algo elevado está ocurriendo. Esto sucede algunas veces, pocas, pero su impronta perdura en el recuerdo.

Así lo explica Luis Racionero, en su libro sobre estética taoísta:

> «Las buenas vibraciones de la obra de arte suben al observador a su misma onda. Es así como se realiza la empatía o resonancia artística. Por eso mismo la función del arte es "subir el viaje", el *to be high* de la terminología hippie. No denunciar, como pretende el falso arte actual, sino extasiar. No describir las vulgaridades de la vida diaria, ni siquiera las injusticias, por loable que sea hacerlo, porque para eso están las ciencias sociales. El arte debe trabajar sobre el interior de la persona llevándola a niveles de humanidad superiores. En el límite, la obra de arte puede llevar al perceptor al *samadhi* o éxtasis; normalmente le sube a niveles de conciencia y emoción superiores, como una lámpara que recibe mayor corriente y alumbra con más fuerza».[5]

Por su parte, Mark Rothko, convencido del enorme potencial transformador del arte verdadero, daba ciertas pautas para posibilitar estas experiencias elevadas:

> «Nunca he pensado que pintar un cuadro tenga nada que ver con la expresión de uno mismo. Se trata de una comunicación acerca del mundo dirigida a otro. Si esta comunicación es convincente el mundo cambia. El mundo ya no fue el mismo después de

Picasso y Miró. La suya fue una visión del mundo que transformó nuestra visión de las cosas».[6]

«Sería hermoso que por todo el país se pudieran crear lugares, donde el viajero o el caminante pudieran meditar durante un tiempo sobre una sola pintura instalada en una pequeña sala».[7]

(Desde fuera) Contemplar una obra no es mirarla con los ojos y entenderla con la mente

Tenemos por costumbre dividir el concepto de «hombre» en cuerpo y mente. Del mismo modo, en los libros de crítica del arte vemos a menudo esa misma distinción refiriéndose a una obra determinada; los críticos frecuentemente la analizan según sus aspectos formales, por un lado, y sus aspiraciones conceptuales, por el otro. Digamos que esta misma aproximación es con la que el público en general comúnmente valoramos las obras: se «mira» tratando de «clasificar y entender». Siguiendo esta distinción dual, toda obra de arte podría ser «comprendida» dado que: podemos detectar su tamaño, la paleta cromática, el balance compositivo, los materiales utilizados, etcétera, obteniendo así una clara definición de sus características formales; yendo un poco más allá podemos incluso tratar de descubrir –si el artista nos ha dejado algunas pistas– sus retos conceptuales, la idea que hay detrás, así como su posible investigación intelectual. Pero si nos quedamos en este grado de aprehensión, es probable que, como dice Kandinsky, nos marchemos tan pobres o tan ricos como entramos.[8] Podemos afirmar que el intelecto es una potentísima vía de conocimiento pero insuficiente, o no la única.

El mismo autor describiría –¡ya en 1910!– este mismo fenómeno:

> «El espectador está demasiado acostumbrado a buscar la coherencia externa de las diversas partes del cuadro. El periodo materialista ha producido en la vida, y por lo tanto también en el arte, un espectador incapaz de enfrentarse simplemente al cuadro (muy especialmente el llamado «experto en arte»), en el que busca todo (imitación en la naturaleza, naturaleza a través del temperamento del artista, es decir, su temperamento, ambiente, «pintura», anatomía, perspectiva, ambiente externo, etc.), todo menos la vida interior del *cuadro* y su efecto sobre la sensibilidad. Cegado por los medios externos, el ojo espiritual del espectador no busca el contenido que se manifiesta a través de esos medios. Cuando tenemos una conversación interesante con una persona, intentamos bucear en su alma, buscamos su rostro interior, sus pensamientos y sentimientos y no pensamos que está utilizando palabras que constan de letras, que éstas no son más que sonidos que exigen la aspiración de aire por los pulmones (parte anatómica), que producen una vibración por la expulsión del aire por ellos y la colocación especial de la lengua y los labios (parte física) y que, finalmente, llegan por el tímpano a nuestra conciencia (parte psicológica) y obtienen un efecto nervioso (parte

fisiológica), etc. Sabemos que todas estas partes son completamente secundarias, puramente accesorias en nuestra conversación, que las utilizamos como medios externos necesarios y que lo esencial del diálogo es la comunicación de ideas y sentimientos. La misma actitud habría que adoptar frente a la obra de arte y así conquistar el efecto directo y abstracto de la obra».[9]

Las obras de arte tienen muchas cosas que mostrarnos, no basta con mirar sus rasgos externos superficiales, ni tampoco basta con entender o interpretar sus mensajes intelectuales; ante una obra de arte, uno debería entregarse vacío de prejuicios, de toda carga emocional y racional que pudiera arrastrar, para poder, así, adentrarse en las profundidades misteriosas que el verdadero arte desvela. Desnudo, a ciegas.

(Desde dentro) Los rituales propios de la práctica artística pueden inducir a estados contemplativos

A mi entender, toda obra de arte debe ser elaborada a partir de tres ingredientes esenciales bien equilibrados entre sí. Los dos primeros ya han sido mencionados –el cuerpo y la mente–, y al tercero se le denomina a veces «el alma».

Encontramos a menudo que en ciertos procesos creativos se sobrevalora la importancia de los factores externos, orientándose el artista únicamente a alcanzar lo que para él es la belleza; nacen así obras de marcado carácter decorativo o con ambiciones de espectacularidad, exhibicionistas, pero carentes de algo esencial. En otros casos, este factor formal es ignorado –cuando no abiertamente rechazado– y se sobredimensiona el ingrediente mental. Hablamos entonces de obras de marcada tendencia conceptual, cuya carga intelectual es tan potente que, a veces, para su aprehensión no es requisito estar en su presencia, e incluso podrían ser «saboreadas» íntegramente por teléfono.

Pero más allá del necesario equilibrio armónico entre los dos ingredientes anteriores, en el seno de la obra no puede tampoco faltar un tercer factor: la sustancia espiritual. Se trata sin duda del componente más complejo y, a la vez, el más importante de todos ellos, puesto que es aquel que le otorga vida propia. En su ausencia, las obras quedan en mera proyección estética o intelectual de sus creadores, pues es en este tercer ingrediente donde se encuentra la dimensión contemplativa del arte.

Acostumbro a explicar a mis alumnos que el pintor no solo pinta cuando está pintando, también lo hace cuando está meditando ante la materia; así es como avanza realmente su trabajo, en el vacío, en el silencio, en la paz.[10] En cierto arte, la muestra de humildad es tal, que la felicitación debería recaer sobre la obra, no sobre el artista; el mérito reside en ella, y el artista –a su servicio– es tan solo su vehículo, quien la hace posible, nada más.

Leamos lo que dice Balthus en su libro *Memorias*:

> «Me indigna el culto a la personalidad que rodea a muchos pintores contemporáneos. Para pintar se requiere todo lo contrario,

borrarse cada día más, no tener más exigencia que la pintura y olvidarse de sí mismo. Y, en cambio, encontramos por todas partes declaraciones personales, confesiones íntimas, exhibicionismos… No me canso de decir que no te explicas a ti mismo, lo que quieres expresar es el mundo, sus misterios y sus noches. De paso, quizás encontrarás alguna clave que te permita comprenderte mejor, pero no es ese el objetivo».[11]

«Por eso el trabajo del artista es lento y prudente. A menudo, cuando estoy en el estudio, me pongo a meditar fumando varios cigarrillos delante del cuadro o paso la mano por él, como acariciándolo. Eso también es pintar y puede ser el trabajo de una jornada. El contacto, la unión con el cuadro en ejecución. La familiaridad que debes adquirir tan lejos de la urgencia que se ha impuesto en la vida de hoy […]».[12]

«Pintar es salir de sí mismo, olvidarse, buscar el anonimato y arriesgarse a no estar de acuerdo con el siglo, con las modas y con los semejantes».[13]

Ese «borrarse», ese «salir de sí mismo», es la antesala a la experiencia de trascendencia. Para los que «meditamos» a través de la materia, esa experiencia con la profundidad es esencialmente plástica; como tan bellamente describió Mircea Eliade en *El vuelo mágico*.

«[…] el artista no se comporta de un modo pasivo con respecto al Cosmos y al inconsciente. Sin decírnoslo, y quizás sin saberlo, el artista penetra, a veces peligrosamente, en las profundidades del mundo y de su propia psique. [...] asistimos a un desesperado esfuerzo por parte del artista para liberarse de la "superficie" de las cosas y penetrar en la materia con el fin de desvelar las estructuras últimas. Abolir las formas y los volúmenes, descender al interior de la sustancia, desvelar las modalidades secretas o larvarias no son en el artista operaciones emprendidas en busca de un conocimiento objetivo, sino aventuras provocadas por el deseo de apresar el sentido profundo de su universo plástico».[14]

A la manera de los rituales religiosos, también en la plástica algunos artistas han hecho uso de ciertas dinámicas repetitivas personales para favorecer un estado de conciencia elevado, y en eso ha consistido a menudo el grueso de su obra. Por ejemplo, la creación del pintor polaco Roman Opalka, quien desde su juventud se propuso alcanzar el infinito, y dedicó más de cuarenta años a escribir en grandes lienzos, uno por uno, los números que hay entre el uno y el infinito. Algo parecido hizo el artista japonés On Kawara que realizó un cuadro diario en el que, meticulosamente, escribía con pintura blanca sobre fondo negro (a veces gris, rojo o azul) la fecha del día, y así todos y cada uno de sus días, hasta alcanzar la muerte a edad avanzada. También son dignas de mención las creaciones del alemán Wolfgang Laib que usa elementos tan simbólicos como el polen de las flores, recogido pacientemente en las praderas para ser depositado ritualmente en el suelo de la sala de exposiciones, dibujando un enorme cuadrado.

Para que una obra lo sea de arte, debe sobrepasar al artista y adquirir vida interior. Eso es posible mediante el desprendimiento del ego, adoptando una «actitud religiosa» en busca de la sacralidad de la materia. Calladamente, ofreciéndole todas las horas. Contemplando.

Otros místicos han existido (en sus talleres)

Comúnmente solemos reconocer la experiencia mística cuando viene asociada a una religión. No obstante, como ya apuntó Nietzsche, «Ha pasado ya el tiempo [...] en el que la "vita contemplativa" tenía que ser siempre primero "vita religiosa"».[15] Hay ciertos artistas que, comprometidos con sus misiones mediante sus obras, transmiten los secretos de lo que yo entiendo por «mística del arte». Este fue el sentimiento que me sugirió la lectura de la obra del poeta Alberto Caeiro, quien ni siquiera existió en carne y hueso al tratarse de un personaje inventado, un heterónimo del escritor portugués Fernando Pessoa. Dicho personaje surge de lo que parece ser un estado elevado de conciencia, adoptando la forma de un pastor que «se extasía» en contemplación de la naturaleza. Y si bien no son propiamente artes plásticas, sus cristalinos poemas[16] son un ejemplo de cómo el arte puede expresar lo que acontece en lo que podríamos imaginar como un estado contemplativo puro.

Pero volviendo al terreno de la plástica, de entre los muchos maestros que nos han legado sus enseñanzas no puedo sino destacar al ya citado Antoni Tàpies. Gracias a él descubrí el Arte y sus consecuencias; la fuerza secreta que irradian las obras perfumando el espacio de una profunda espiritualidad. Me inculcó el respeto sagrado hacia la materia, me enseñó cuál era la responsabilidad social del artista y la actitud que debía adoptar su obra. Me introdujo, además, en el fascinante universo de las culturas orientales de las que él tanto se nutrió.

Sus obras, aunque de ejecución rápida, se gestan lentamente durante largos periodos de tiempo, meditando frente a la tela en blanco depositada en el suelo, dando vueltas a su alrededor.

> «A veces estoy tiempo y tiempo andando por el estudio de manera rítmica, me excito la imaginación y llego a provocarme determinada imagen que no encontraba».[17]

Su escala de valores le hacía defender constantemente «aquella regla de la metafísica en virtud de la cual el orden superior se manifiesta casi siempre en lo pequeño y humilde»[18] provocando al espectador para que fuera capaz de sentir la emoción de la existencia a través de la contemplación de algunos objetos cotidianos, a los que liberaba de su condición ordinaria mediante una sublime pincelada. Sus creaciones guardan un mensaje profundo y sutil, de difícil acceso si solo se recurre a la lógica racional del intelecto. Por poner un solo ejemplo, me parece significativa su obra *Pintura i bastidor*. En ella vemos un cuadro, pero este está colgado «del revés», ocultándonos contra la pared lo que la tela debería enseñar y mostrándonos en su lugar el reverso de la pintura, o sea, su bastidor. Es una obra fuertemente criticada por lo provocativo del gesto y lo aparentemente simple de su concepción, pero que nos revela el camino hacia un tipo de conocimiento lateral, forzando al espectador a «darle la vuelta» a las cosas, a mirar «detrás» de lo que se nos presenta, a educar la mirada para ver «más allá» de la superficie con la que topan nuestros ojos. En definitiva: a reconocer unos valores más cercanos a la experiencia estética y emocional, en la que Tàpies nos invita a dejar fluir nuestra imaginación si nosotros aceptamos y entramos en ese estado hipnótico para, calladamente, contemplar la obra. Cualquier exposición de Tàpies, por pequeña que sea, es garantía de encontrar destellos de esa iluminación inmensa que supuso su obra.

Algunos artistas nos identificamos con los monjes

A partir de esta «identificación», o digámosle paralelismo, concebí la idea de que deberían existir monasterios para artistas en los que consagrar una vida contemplativa al servicio del Arte. Ese fue el planteamiento de mi proyecto de fin de carrera como arquitecto, en el que sugerí la necesidad de generar espacios de recogimiento comunitario que propiciaran un desarrollo de las aptitudes sensoriales y contemplativas, a la vez que ofrecieran un contexto de debate y profundización en materia artística.

Esa misma idea gestó también un viaje-peregrinaje en bicicleta, por los tres únicos edificios de carácter religioso que diseñó Le Corbusier. Los tres edificios son, por orden de visita, la Iglesia de Saint-Pierre en Firminy, el Convento de la Tourette en Éveux, y la Capilla de Notre-Dame-du-Haut en Ronchamp, todos ellos en el este de Francia, muy cerca de la frontera con Suiza. La Tourette fue edificado para albergar una comunidad de monjes dominicos, y Ronchamp cuenta con una comunidad de monjas clarisas que se ha instalado recientemente, ambos con servicio de hospedería. Mi estancia en cada uno de estos espacios me confirmó, y deje constancia de ello en mi libreta de dibujo, el potencial de un complejo arquitectónico dedicado al estudio y trabajo del alma, pero destinado a una comunidad que podría encajar perfectamente con las necesidades del perfil de los artistas a los que me refiero en este texto, ofreciéndoles el entorno adecuado para situarse en disposición. De la misma manera, podría constituirse como un centro para formar a jóvenes artistas en la práctica del «arte contemplativo», motivando su curiosidad y alimentando sus espíritus.

Es cierto que ya existen redes de residencias para artistas desplegadas por todo el planeta, donde se nos acoge durante días, semanas, o incluso meses, y en las que se desarrolla una actividad comunitaria importante, llena de conexiones, intercambios, charlas, eventos y otras actividades que son una auténtica maravilla, pero distan un poco del carácter al que me refiero; por eso a mi propuesta no la llamo «residencia», sino «monasterio». Sería oportuno discutir qué es lo que ello implica profundizando en los aspectos transversales de estos dos mundos, el del artista y el del monje, pero daría para un libro entero, así que –por ahora– solo aspiro a que se sobreentienda que hay una diferencia. En mi proyecto arquitectónico hacía constantes paralelismos entre una comunidad artística y una comunidad monástica cisterciense, pero sin duda alguna podría extrapolarse a otros modelos de comunidades de distintas tradiciones místicas. Nos encontramos, no obstante, con un serio problema: podemos tener sed de plegaria, pero carecemos de oraciones; o lo que es más grave: podemos erigir templos, pero no disponemos de religión. En cualquier caso, el paralelismo artista-monje se me presenta de forma natural, como algo obvio, y la experiencia de una comunidad monástico-artística sospecho que podría ser muy interesante.

La creación artística es un acto sagrado

La obra empieza mucho antes de que la primera pincelada entre en contacto con el lienzo. El artista contemplativo trata de dotar cada fase del proceso de una cierta sacralidad. Incluso el hecho de comprar las materias primas en la tienda puede hacerse bajo esta emoción. Produce una gran exaltación pensar que todo surge de unos materiales de orden común: una hoja de papel, unos lápices, un bloque de barro, unos pigmentos, un trozo de madera, unos botes de pintura… Nada del otro mundo según como se mire, pero la ceremonia ha empezado y todo está en juego. Uno se estremece sabiendo que esa hoja de papel es esa –y no otra– que anteriormente fue árbol crecido con sus soles y sus lluvias, y que un día pasó a ser pulpa transformada después en lámina… y ahora está sobre la mesa, a punto para recibir la hierofanía; del mismo modo se puede sentir cada lápiz como algo sagrado, pues contiene un fragmento de grafito recogido de una roca en la que se formó hace miles de años, y ahora actuará de testigo de los gestos de la mano. El destino de la obra puede tener mayor o menor suerte, pero esta actitud predispone al artista a la posible revelación, empujándole a amar la materia con espíritu elevado.

También como espectador, a veces me quedo contemplando una obra y medito acerca de la unión molecular que ha hecho posible esa manifestación; percibo su existencia como un milagro.

Siempre trabajo en silencio, me ayuda a focalizar, envuelto en los pequeños chasquidos de las herramientas, la densidad de la pintura, el olor y la textura de los materiales, el peso de los instrumentos…; todo ello ocurre bajo la atención puesta en el placer callado de lo íntimo. Cuando es posible, busco el silencio amplificado de la noche, trabajando mientras la ciudad duerme, adentrándome en ese estado de lentitud dilatada que solo la nocturnidad posee, como si la tierra entera se hubiese detenido por un breve periodo para incrementar su capacidad perceptiva y poder así atender al más mínimo resquicio de Realidad. Es en ese estado de conexión en el que intento entregarme en sacrificio, por si hubiera por allí algún dios al que hacer la ofrenda oportuna. Paciencia. Tengo la esperanza de creer que la quietud de la obra pueda ser transferida al observador, generando quietud en él también, ayudándole a reconectar con su ser más esencial. Esta es mi obstinación, y en mi obra deposito la confianza de tal propósito.

Abrazo la duda y escucho el silencio

En contra de lo que pudiera parecer –a la vista de cómo he organizado este escrito–, cada vez me siento más incapaz de afirmar nada categóricamente. Muchas y variadas son las veces en las que me he sorprendido negando cosas que había afirmado tiempo atrás, desplegando un discurso y contradiciéndome al mismo tiempo, o incluso defendiendo apasionadamente una opinión mientras, por dentro, iba pensando que podría estar poniendo el mismo ímpetu en defender la visión contraria. Con el paso del tiempo, el atrevimiento inicial va mutando hacia una posición más prudente en la que la duda ocupa, día tras día, un espacio mayor.

Mas no veo esa duda como una enemiga que hay que combatir, ni como un obstáculo que nos prive de «la verdad». Precisamente gracias a la duda, de manera progresiva, se va desautorizando la razón como dueña y señora del conocimiento, desarrollando en paralelo otras herramientas del saber, como la intuición (del latín *intueri* «mirar hacia dentro» o «contemplar»). La duda misma crea espacio y es, en ese preciso momento, cuando las palabras se desvanecen y uno no puede hacer más que retirarse, amablemente, para recibir las enseñanzas del gran maestro: el Silencio.

En suma, a través de estas líneas he intentado compartir lo que se me reveló un día ante un cuadro que colgaba en la pared de un museo: existe una realidad de orden superior y el Arte es una vía de acceso a ella. Espero haber contribuido –al menos un poco– a defender la importancia de un arte que favorezca la posibilidad de reconectar con nuestro ser más profundo y con el modo de existencia original e indiferenciado que la vida ordinaria se obstina en ocultar. La dimensión contemplativa del Arte puede ayudarnos a conseguir este propósito.

Notas

1. Hulin, Michel. *La mística salvaje*. Siruela, Madrid, 2007.
2. *Ibidem*, pág. 70.
3. Cf. Ahumada, Laia. *Espirituals sense Religió*. Fragmenta, Barcelona, 2015. En este libro encontrarán una entrevista en la que explico la experiencia de forma más detallada.
4. Cf. Melloni, Javier. *Vislumbres de lo real. Religiones y revelación*. Herder, Barcelona, 2007; Melloni, Xavier. *Escletxes de Realitat. Religions i revelació*. Fragmenta, Barcelona, 2007.
5. Racionero, Luis. *Textos de estética taoísta*. Alianza, Madrid, 2016, págs. 49 y 50.
6. Citado en Vega, Amador. *Sacrificio y creación en la pintura de Rothko*. Siruela, Madrid, 2010, pág. 116.
7. Citado en Vega, Amador. *Sacrificio y creación en la pintura de Rothko*. Siruela, Madrid, 2010, pág. 91.
8. Cf. Wassily Kandinsky. *De lo espiritual en el arte*. Paidós, Barcelona, 2005, pág. 23.
9. *Ibidem*, págs. 93 y 94.
10. Quede dicho de antemano que cuando me refiero a la pintura, es extensible a las artes plásticas en general; íntimamente no existe ninguna diferencia.
11. Balthus. *Mémoires de Balthus: recueillies par Alan Vircondelet*. De Rocher, Mónaco, 2001, pág. 101. Existen diversas traducciones al español de esta obra, entre ellas, las editadas por Lumen y por Penguin Random House.
12. Balthus. *Memorias*. Penguin Random House, Barcelona, 2014, pág. 103.
13. *Ibidem*, pág. 283.
14. Eliade, Mircea. *El vuelo mágico*. Siruela, Madrid, pág. 143.
15. Nietzsche, Friedrich. *De La Gaya Ciencia*. Sentencia 280.

16. Cf. Pessoa, Fernando. *Poesías completas de Alberto Caeiro*. Pre-textos, Valencia, 2005.
17. Fernández-Braso, Miguel. *Conversaciones con Tàpies*. Rayuela, Madrid, 1981, pág. 82.
18. Corredor-Matheos y José. Antoni Tàpies. *Materia, signo, espíritu*. Polígrafa, Barcelona, 1992, pág. 81.

El cuerpo, el cosmos, el gozo

La danza en la Vía

Blanca de la Vega (Alsasua, Navarra, 1970), licenciada en Ciencias de la Información por la Universidad Complutense de Madrid y estudiante de Psicología en la UNED. En el año 2000 comienza a investigar su mente y el papel que desempaña el cuerpo en el camino hacia la conciencia. Ha colaborado con la Universidad de Barcelona.

Instructora de Danzas y Movimientos de Gurdjieff (www.movimientos-gurdjieff.net), meditante y practicante de yoga, explora los nexos de unión entre el Advaita Vedanta, el Cuarto Camino, el cristianismo, el budismo y la psicología transpersonal. Actualmente lleva a cabo el proyecto «La Quietud del Movimiento» destinado a difundir programas para el desarrollo de la atención plena, el conocimiento de sí y la armonía interna en colectivos muy diversos.

> «En el hombre, como en el universo, todo está en movimiento. Nada está inmóvil o permanece igual. Nada dura para siempre o termina por completo. Todo lo que vive evoluciona o declina, en un incesante movimiento de energía. Las leyes que subyacen a este proceso universal eran conocidas por la ciencia antigua, la cual asignaba al hombre su lugar adecuado en el orden cósmico. Según Gurdjieff, las danzas sagradas, transmitidas a lo largo de los siglos, encarnan los principios de este conocimiento y nos permiten aproximarnos a él de una manera dinámica y directa».[1]
>
> JEANNE DE SALZMANN

Desde que tenemos testimonio de la humanidad existen referencias al uso de la danza como medio de conexión con lo divino. En la antigüedad, la vida ordinaria formaba un *continuum* con lo sagrado, entendían el mundo de la materia –el mundo físico– como un todo íntimamente ligado a fuerzas superiores con las que entraban en relación a través de los ritos, y entre estos, la danza ocupaba un lugar central.

Según Gerardus van der Leeuw,[2] la danza es la expresión artística original, la más antigua. Seguramente, el cuerpo constituye la primera herramienta artística que el ser humano utiliza y es a través de su movimiento como se armoniza con algo más grande, con un poder más fuerte, con el movimiento del cosmos, con los ritmos de la naturaleza y con los propios ciclos de la vida. Desde una perspectiva holística, que observa la grandeza de la naturaleza y sabe que el ser humano es parte integrante del Todo, las fronteras entre lo profano y lo sagrado se diluyen, así cualquier acción puede entenderse desde una perspectiva espiritual. Los distintos tipos de danzas, no solo las de plegaria, de ofrenda, de devoción, de procesión, de gratitud, etcétera, sino también las danzas para el nacimiento, para la muerte, para los diferentes tránsitos de la vida, para la caza, para la guerra, para las cosechas... tenían siempre un trasfondo de conexión con lo divino, aunque es probable que la mayoría de estas danzas estuvieran vinculadas al pensamiento mágico.[3]

Parece ser que en las culturas mesopotámicas ya había escuelas de elevada y auténtica espiritualidad donde las danzas, esenciales en todos los rituales, eran parte integrante de vías hacia la iluminación. Sabemos también que en los misterios del templo de Eleusis, los cuales tienen su origen en la época minoica (3000-1450 a.C.), se realizaban anualmente ritos sagrados en honor a Deméter y a su hija Perséfone. Algunas de las participantes[4] se iniciaban a través del ayuno, el ciceón,[5] la música y la danza con el fin de alcanzar el estado de *epopteia* o visión; situándose en el Observador o Testigo accedían al conocimiento esencial de la realidad y, por tanto, a la beatitud. Estudios comparativos muestran paralelismos con los misterios del culto a Isis y Osiris en Egipto, de Adoniac en Siria y con algunos misterios frigios persas.

El objeto de este capítulo es dar unas breves pinceladas que esbocen el paisaje de la danza como vía hacia la liberación ofreciendo una puerta a aquellas personas que –sintiéndose atraídas por la danza y la espiritualidad– desean comenzar a explorar su intersección.

Aunque probablemente cualquier danza puede abrirnos a una verdadera experiencia espiritual, siempre y cuando nuestra actitud y momento sean adecuados, solo me referiré a algunas de aquellas que tienen como objeto no solo conectar con nuestra parte más auténtica y profunda, con nuestra naturaleza verdadera, y por ende divina, sino que son parte de una vía de sabiduría perenne y están insertas dentro de las grandes tradiciones espirituales. Son danzas creadas generalmente por seres despiertos (o desde un estado despierto) y transmitidas a través de antiguos linajes. Ofrecen la posibilidad de experimentar directamente algunos de los aspectos de las enseñanzas para conducirnos a través de un proceso de transformación concreto y a la vez abierto, único, que persigue trascender el mundo de las formas y del «yo» para establecernos en lo Absoluto.

Gurdjieff diferenciaba entre arte objetivo y arte subjetivo. El primero nace de la esencia y evocaría el mismo sentimiento en todas las personas; en cambio, el arte subjetivo se lleva a cabo a partir de un «yo», a partir del lugar psicológico que habita la artista, y a distintas receptoras evocaría distintas emociones y sensaciones. Las danzas que nos ocupan formarían parte del arte objetivo cuyo resultado es «perfecto» dado que son creadas siguiendo las leyes universales.

Las danzas que cumplen con estas premisas son contemplativas en un doble sentido: por un lado, requieren el desarrollo del Observador o Testigo que ve más allá de todo juicio y no se identifica con lo que está sucediendo ni quiere cambiarlo; por otro, pueden llevarnos a la Visión de la Realidad Suprema, a sentir la inmanencia de Dios en todas las cosas. Antiguamente se utilizaban en los monasterios como medio de autoconocimiento y como vehículo de transmisión de un conocimiento elevado que, oculto bajo las distintas posiciones, se va desvelando a medida que se profundiza en la práctica. Generalmente se realizan en comunidades espirituales y por personas comprometidas que, a través de una ascesis regular, han conseguido o trabajan para conseguir una gran disciplina mental. Estas danzas requieren, a la vez que facilitan, el cultivo de las cualidades de silencio, quietud y recogimiento; cualidades imprescindibles a partir de las cuales puede emerger un sentimiento de magnificencia al percibir que estamos tocando algo insondable e inabarcable.

Otra característica que define a la mayoría de estas danzas es la precisión. Cada gesto, cada posición tiene un significado específico que muchas veces se nos escapa y solo será revelado cuando estemos preparadas. La cualidad de la danza vendrá determinada por la calidad de la atención de las participantes. Al mantener nuestra mente anclada en el cuerpo y a la vez abierta, atenta a los movimientos externos y a las sensaciones físicas, vamos accediendo a lugares internos más profundos. Acogiendo nuestra realidad interna y externa, surge la armonía y nuestra mirada cambia, nace así una sensación de coherencia, de unidad: la mente se calma, se aflojan las tensiones del cuerpo y la emoción se aquieta. Podemos decir entonces que mente, cuerpo y emoción están en la misma vibración, y, desde ese estado, la bailarina-meditante puede emprender el viaje hacia la Presencia a sí misma y a Dios, o, expresado de otro modo, puede ser canal a través del cual la Divinidad la habita. Tal como afirmaba Lee Lozowick,[6] para que esto último ocurra tenemos que hacernos atractivas a los ojos de Dios, esto implica pagar el precio requerido; uno de estos precios es una atención muy fina, la pura vigilancia que –más allá de toda conceptualización– todo lo incluye.

Existe un fundamento esencial que es parte inherente a estas danzas: el desarrollo de un centro de gravedad estable ubicado en lo que los japoneses llaman *hara* y los taoístas *tan tien*. Este centro energético se sitúa en el bajo vientre, aproximadamente tres dedos por debajo del ombligo y tres dedos hacia dentro. Según Dürkheim,[7] este lugar es la sede del Ser, el lugar donde la vida universal deviene vida existencial, el nexo entre lo físico y lo metafísico, entre lo psíquico y lo metapsíquico. Este punto es de suma importancia para encontrar el centro interior. Es la base que nos conecta con la Tierra, donde el espíritu deviene materia, donde las energías del Cielo pueden hacerse tangibles. Sin una base fuerte, estable, no podremos contener energías más sutiles. Asentarnos en el *hara* nos va a ayudar a crear una estructura interna capaz de sostener todas las experiencias que vivimos al abrirnos al, a menudo, caótico mundo emocional.

Como apuntaba más arriba, otra de las características de las danzas contemplativas objetivas es la búsqueda de la iluminación; surge un anhelo de liberarse de todo lo que internamente impide realizar a Dios. Podríamos decir que se busca un cambio de contexto, pasar de funcionar de un estado ordinario automático y egocéntrico a movernos desde un lugar despierto, consciente y cosmocéntrico. Por eso son siempre parte de una enseñanza y de un linaje, testimonios de que esa posibilidad –la posibilidad más alta de realización que podemos alcanzar– es real e inherente al ser humano. Generalmente son las vías místicas las que favorecen estos rituales; para ellas, Dios no es «algo» externo que alcanzar, sino nuestra verdadera naturaleza, que hemos de descubrir.

La danza sagrada contemplativa ofrece la apasionante posibilidad de explorar el mundo entendido como un campo de fuerzas. Jeanne de Salzmann, discípula y sucesora de Gurdjieff, insistía en la necesidad que tiene la energía superior de encarnar para poder llevar a cabo su evolución. Los humanos tenemos la capacidad de abrirnos y de servir a estas energías uniendo el Cielo y la Tierra, trayendo así más energía consciente al planeta. El terreno de investigación es físico: buscamos una alineación, un eje que nos permita ir profundizando en las sensaciones vivas que la fuerza de la gravedad y la fuerza de elevación producen en nuestros cuerpos; y es también psicológico. ¿Cómo me muevo entre el esfuerzo y la gracia?; ¿cómo es mi relación con estas fuerzas?, ¿de confianza?, ¿de temor?, ¿hay equilibrio?; ¿con qué campos de fuerzas decido conectar?, ¿qué estoy alimentando? Estas y otras preguntas pueden ayudar a colocarnos y ocupar el lugar que nos corresponde en la creación.

Obviamente hay distintos niveles de conexión. Al principio de la práctica y durante mucho tiempo vamos a encarar nuestra dualidad; puede ser frustrante el anhelo de despertar y la fuerza de la mecanicidad que bloquea todo intento de transcendencia.

Es como si la tensión entre las polaridades fuera irreconciliable, ellas se viven de forma separada y excluyente. Poco a poco, gracias a nuestro compromiso con la Práctica y gracias también a un trabajo de purificación física, emocional y mental, comenzamos a abrazar la danza de nuestros ángeles y demonios, cede el juicio y aprendemos a transitar vigilantes todos los espacios entre opuestos. Podemos decir que aceptando la dualidad y todo el juego de los opuestos, damos paso a la trinidad, y desde esta avanzamos hacia la unidad.

Otro aspecto importante que conviene señalar es que la danza nutre la *sangha*, estrecha los lazos de la comunidad y la convivencia. Hemos de sincronizarnos correctamente para hacer un solo movimiento, compartiendo un espacio de intimidad que permita incluir a las demás de forma verdadera, más allá de nuestras diferencias y del choque de nuestras personalidades. Más allá del resultado estético, somos un grupo heterogéneo vivo unificándose gracias a, y a pesar de, nuestras mentes y nuestras dificultades.

Actualmente, algunas de estas danzas se representan en público. Son generosas, invitan a las espectadoras a entrar en estados meditativos y de gozo. Este compartir también unifica: bailarinas y espectadoras reciben altas bendiciones durante su representación. De todas formas, hay un sector que prefiere protegerlas y es reticente a exhibirlas abiertamente ya que, por un lado, parte del público profano no tiene la actitud ni el recogimiento necesario para apreciar lo que se le está ofreciendo y, por otro, hay personas que están representando estas danzas como medio económico o para atraer turistas. Estas bailarinas no pertenecen a ningún linaje, con lo que la precisión de los movimientos internos y externos, no visibles y visibles, suele estar bastante deteriorada.

La danza en las principales tradiciones espirituales

Las danzas sagradas clásicas de la India merecen un lugar destacado por su belleza, profundidad y antigüedad; representan pasajes de las sagradas escrituras hindúes, siendo un medio para contemplar y experimentar la divinidad. La danza no puede separarse de la ascesis meditativa, las bailarinas se convierten en expresiones vivientes de dioses, diosas y profetas. Las danzas eran también una ofrenda a las deidades, las representaban las *devadasis*, meditantes que dedicaban su vida a los movimientos sagrados. Se las consideraba casadas con la deidad del templo si bien, algunas de ellas, también contraían matrimonio con acaudalados señores que después solían convertirse en bailarines. Los ingleses no entendieron el valor ni el significado de estos ritos y, a partir del siglo XVII, las *devadasis* fueron introducidas en el mundo de la prostitución, decreciendo su elevado rango social. Después de la independencia vuelve a haber un reconocimiento de su sacralidad.

La mayoría de estas danzas se basan en un antiguo tratado sobre la representación de las artes que data de entre el 400 y el 200 a.C., *Natya Shastra*. En él se describen las 108 posiciones de la danza triunfal de Shiva que podemos ver en las esculturas de los templos, simbolizando el eterno movimiento y la destrucción de la ilusión, de *maya*. En dicho tratado se definen las reglas y los elementos básicos de *nritta* (danza pura), *nritya* (expresión de la cara) y *natya* (elemento dramático). Los pasos describen mandalas, geometrías cósmicas que también se asocian a los chakras; las manos gesticulan poderosos *mudras*, y a través de las vibraciones del sonido se despiertan energías latentes del Ser. Existen dos clases de movimientos: los masculinos vigorosos denominados *tandava*, y los más refinados y femeninos denominados *lasya*. Toda bailarina, independientemente del género, ha de dominar ambos.

Las diferentes danzas clásicas responden a distintas zonas geográficas y a distintos lenguajes, entre las más destacadas encontramos: *Bharatanatyam, Kuchipudi, Odissi, Mohiniyattam, Kathakali, Kathak* y *Manipuri*.

Adentrándonos en el budismo descubrimos que probablemente es la tradición con más danzas encaminadas a alcanzar la sabiduría. Muchas de ellas son parte de poderosas y secretas prácticas tántricas[8] en las que se experimentan elevados estados de consciencia. Transmitidas directamente a través de linajes de más de mil años de antigüedad, algunas tienen sus orígenes en expresiones sagradas prehistóricas. Las bailarinas son generalmente monjas y monjes con una sólida disciplina mental que conocen bien las escrituras y se preparan a través de largos procesos de meditación. Para algunas danzas tántricas, visualizan intensamente y con todo lujo de detalles diferentes deidades, que personifican aspectos diversos de la naturaleza búdica. Estos procesos suponen toda una danza interna creativa y dinámica que les lleva a convertirse en canales, encarnando completamente la deidad que están representando y transmitiendo sus cualidades.

El lugar de estas danzas es siempre el mundo espiritual, la esencia de la naturaleza búdica representada está más allá de la forma, rompiendo las nociones de espacio y tiempo. Para evocar esto, muchas se sirven de máscaras que constituyen herramientas poderosas para transmitir esta presencia divina, creándose una atmósfera poética fuera de este mundo. Pasos y movimientos se efectúan con gran precisión; el uso de colores, máscaras, *mudras*, mantras e instrumentos musicales forma parte de un estudiado conjunto en el que cada elemento es importante y tenido en cuenta.

Por nombrar alguna característica de las más veneradas, las danzas *Cham*[9] –de la tradición Vajrayana– representan las tribulaciones de las almas en el *samsara* y cómo tiene lugar su liberación a través de la comprensión y la devoción; su propósito es transformar la maldad para el beneficio de todos los seres. *Suvisi Vivaranaya* es un atlético ritual de Sri Lanka puramente devocional; en *Charya Nritya*[10] se invocan, visualizan y realizan internamente deidades como Vajrayogini, Vajrapani, Avalokiteshvara o Manjushri, y *Lingdro*[11] es una danza de invocación a Guesar de Ling, gran rey guerrero emanación de Padmasambhava.

Desde otro lugar, Chögyam Trungpa[12] va más allá de los convencionalismos para afirmar que el arte budista no tendría que ver tanto con la iconografía, sino con el estado mental de la artista. Este maestro introdujo a sus estudiantes occidentales en el arte dhármico, arte procedente de un estado mental meditativo en el que la artista entra en contacto directo con la naturaleza de las cosas para expresarlas dejando a un lado la agresión que implica la necesidad de impresionar o de demostrar algo, buscando la elegancia intrínseca de la realidad. En 1974 invita a su estudiante Barbara Dilley[13] a crear un programa de danza en la Universidad Naropa a partir del cual abren un espacio de exploración en el que se investiga, a través del movimiento y de la relación cuerpo-mente, los grandes principios del budismo. Siguiendo esta línea hay un elenco de estudiantes budistas occidentales que fusionan la danza y el movimiento con la meditación y la práctica espiritual. Harrison Blum en su libro *Dancing with Dharma*[14] reúne a diversas eruditas, coreógrafas e instructoras para ofrecernos una interesante visión panorámica del contexto actual.

Acercándonos al judaísmo, es interesante recordar que el pueblo hebreo era un pueblo que bailaba, en el Antiguo Testamento aparecen varias alusiones a la danza en diversos contextos: celebración de victorias en batallas (no olvidemos que las batallas estaban cargadas de sentido religioso), festividades, conmemoraciones de los ciclos de la vida, circuncisiones, llegada de la menstruación, bodas, nacimientos, funerales... Pero quizás son las danzas extáticas[15] las que más claramente trataban de entrar en comunión con las fuerzas superiores. La danza del becerro de oro, en la que se adora a este animal mientras Moisés está en el monte Sinaí; la danza ante el Arca de la Alianza, donde los hombres danzaban en oración ante el sagrado cofre que contenía los Mandamientos; y aquellas de adoración a Baal.[16] Antes del Éxodo, esta era una religión alegre y festiva caracterizada por la libre expresión del sentimiento religioso. Sin embargo, más tarde, los rabinos excluyeron del Antiguo Testamento cualquier reminiscencia que hiciera alusión a las danzas extáticas.[17]

La tradición hasídica, rama mística del judaísmo fundada por Baal Shem Tov en el siglo XVIII, recupera la alegría y el amor de Dios. La danza es utilizada para alcanzar el entusiasmo religioso y la unión con el Todopoderoso. Son danzas circulares, con movimientos repetitivos que comienzan con un tempo lento para después acelerarse conforme se llega al éxtasis. Es música inspirada en textos cortos del Talmud o del Antiguo Testamento, cantada sin palabras por las bailarinas, para quienes la danza era un mandato divino al que se entregaban con fervor místico.

Encontramos también, en los comienzos del cristianismo, claras evidencias de danzas sagradas. En el Evangelio apócrifo de Juan, versículos 94-96, se describe un ritual místico iniciático llamado el *Himno de Jesús* en el que antes de su arresto reúne a todos los discípulos en un círculo dándose las manos y respondiendo a Jesús con cantos y danzas:

«A todos aquellos cuya naturaleza es la danza, amén.
Aquel que no baila no sabe lo que ocurre, amén.
[…]
Si ahora sigues mi danza, te verás a ti mismo en Mí.
Tú que bailas considera lo que hago,
la pasión de la Humanidad que voy a sufrir es para ti.
Porque de ninguna manera
hubieras entendido tu sufrimiento
si yo no hubiera sido mandado como Logos por el Padre.
Aprende cómo sufrir y serás capaz de no sufrir».[18]

Margaret Fisk, en su obra *The Art of the Rythmic Choir* citada por Jade Luerssen,[19] menciona otra ceremonia mística descrita en el Didaché,[20] *El misterio cósmico de la Iglesia,* en la que a través de la danza se simboliza la creación del Universo y el movimiento de los diferentes planetas y estrellas. En su estudio aparece también una versión de la *Danza del Laberinto* de Ariadna, en la que la secta de los gnósticos representaba el vagar del alma a través de las tribulaciones oscuras de la vida y del submundo y cómo el conocimiento de Cristo podría liberarlas.

Hasta el auge del platonismo, los movimientos sagrados eran parte de la liturgia también en la Iglesia más convencional, la cual, no siempre con éxito, trataba de mantener las danzas puras de influencias paganas. A partir de san Agustín, el cuerpo deja de ser el templo de Dios para ser fuente de pecado. Diversos decretos prohíben la danza no solo en las misas, sino también en las fiestas de los santos, pasando a ser condenada e incluso perseguida. Hubo personas que no claudicaron y fusionaron la danza litúrgica con rituales paganos eróticos, de fertilidad o dionisíacos, lo que provocó una polarización cada vez mayor.

Pero volviendo a la rama mística que es la que nos ocupa, se conserva en Europa de forma intermitente y diseminada un remanente de la expresión simple y pura de los primeros cristianos. En el siglo XII, Hildegarda de Bingen, a través de la pieza de música y danza *Ordo Virtutum,*[21] reivindica la importancia de la interrelación cuerpo y alma. En esta obra aparece la Tierra como escuela para que el alma aprenda, por medio de la profundización en las necesarias crisis, a despertar a la divinidad que es su esencia. Gracias al libro *The Flowing Light of the Godhead*, sabemos que la beguina Matilde de Magdeburgo utilizaba danzas espirituales en el siglo XIII. Tres siglos más tarde, santa Teresa de Ávila animaba a las monjas a bailar con alegría mientras ella tocaba las castañuelas y los tamboriles, si bien otras fuentes dicen que era ella quien danzaba «cuando no podía contener el amor que la embargaba, mientras sus hijas la acompañaban con castañuelas y palmas».[22]

Actualmente hay una corriente de buscadoras cristianas que fomentan el uso de la danza contemplativa como medio de relación directa con Dios. La familia Kloke[23] en Alemania, Lorraine Pratt[24] en Inglaterra y Victoria Hernández en España están haciendo una gran labor dignificando el cuerpo y mostrando cómo a través de él podemos profundizar en la Realidad inmanente que subyace a todas y a todo.

Dentro del sufismo, la danza –al igual que el resto de las artes– constituye un vehículo directo hacia la unión con el Amado.

En el siglo XIII, el gran santo Yalaluddín Rumí introduce el *sama'*, giro espiral que comprende y armoniza con el movimiento de la creación tanto a nivel macrocósmico como microcósmico. Todo en la naturaleza está en movimiento: desde los planetas hasta las partículas atómicas giran; esta danza invita a unirse con el ritmo inherente de la eternidad. Para ello, el cuerpo entregado a la tierra se rinde a esta coreografía cósmica, la mente profundiza en la eseidad de la existencia y el alma la trasciende experimentando el Amor.

Esta danza solo se enseñaba tras largos periodos de estricta disciplina cultivando la modestia, el servicio y la sumisión del yo a un orden superior. Antes del *sama'* las derviches se recogen a través de la meditación, después, con movimientos lentos, se levantan; con los brazos cruzados en el pecho representando el Uno comienzan a abrirse, el derecho mira al cielo y recibe sus bendiciones, el izquierdo, a la tierra, ofrece lo que recibe; sus miradas profundas contemplan su mundo interior y a la vez se mantienen atentas a lo que las rodea. Despertando al Presente se emborrachan ante la Belleza de la creación, dan gracias y rezan: «*la ilaha il·la Al·lah*». Tras el éxtasis de la unión con el Amado vuelven, simplemente vuelven a la cotidianeidad para amar y servir.

Como en todas las danzas rituales hay una simbología detrás de cada uno de los elementos. Al comienzo se quitan su capa negra que representa la separación egoica, este gesto invoca su renacer espiritual. Quedan vestidas con la túnica blanca o *hirka,* cosida por ellas mismas simbolizando su esencia. El sombrero de pelo de camello refleja la lápida del ego; el toque del tambor da la orden divina que todo el universo compartimos: «Se(r)», y el sonido de la flauta ney sugiere el aliento que nos da la vida.

Gurdjieff, maestro de danza

El trabajo de George Ivánovich Gurdjieff en este campo merece un capítulo aparte. Este enigmático maestro nacido en Armenia, probablemente en 1866, dota de base científica a la sabiduría que encuentra tanto en el entorno familiar y religioso de sus primeros años, como en diversos países de Oriente por los que posteriormente viajaría. Adapta este conocimiento al pragmatismo occidental, siendo importante que la alumna compruebe cada idea a través de su experiencia directa. Enseña un sistema completo denominado Cuarto Camino enfocado al despertar de la conciencia, en el que el trabajo espiritual tiene lugar en la vida cotidiana integrando las vías del cuerpo, de la mente y del corazón.

Gurdjieff observó cómo en diversos monasterios del Este se utilizaba la danza como medio de transformación, así transmite una serie de ejercicios, danzas y movimientos inspirados en las grandes tradiciones espirituales[25] destinados a este fin.

En un primer momento, estos Movimientos suelen ser un gran *shock* para quien los practica y ponen de manifiesto nuestra forma automática de funcionar. Gurdjieff habla del «horror de la situación», necesitaremos coraje y ganas de conocer la verdad para darnos cuenta de nuestra falta de atención, de honestidad, de voluntad y de nuestra incoherencia, egoísmo e infantilismo. No hay un «yo» que dirija mi vida, carezco de una estructura interna; en mí hay una masa amorfa de «yoes» discrepantes. En cualquier momento, de forma inconsciente, uno de ellos coge el mando para llevarme mecánicamente a los mismos lugares de siempre, generando las mismas reacciones de siempre, de modo que no doy una respuesta adecuada a la situación que vivo, sino que solo reacciono según mis condicionamientos. Ser capaz de mirar esto de frente y sufrirlo es el primer paso hacia la transformación; si no veo ni siento la urgencia de Ser, no seré capaz de comenzar el heroico viaje que se requiere para llegar a la otra orilla.

El camino que propone Gurdjieff es un trabajo de Presencia anclado en el cuerpo, los Movimientos ponen en relación el cuerpo y la conciencia. Adiestramos la mente estando atentas a la respiración, al *hara*, a las posiciones, a las diversas secuencias, a los movimientos internos, a las sensaciones físicas, al grupo, a la música y al espacio. No hay lugar para la divagación. Mente y cuerpo se mantienen unidos y abiertos para alcanzar la calidad de presencia requerida y, cuando ambos van juntos, el corazón solo puede seguirlos. Los tres centros (mente, cuerpo y sentimiento) vibran armónicamente estableciéndose un nivel de Presencia y de simplicidad de otro orden.

«Yo no puedo hacerlo pero no puede ser hecho sin mí», esta joya de Jeanne de Salzmann resume el Trabajo. No puede hacerse desde los lugares ordinarios, seguir la coreografía exige un cambio de contexto a nivel psicológico y físico. La mente que continuamente saca conclusiones ha de rendirse para poder ver y sentir desde un lugar inteligente; las tensiones físicas también ceden, aparecen energías más sutiles y el «instrumento»[26] afinado, gracias a una atenta práctica, está disponible para servir a la energía de arriba. El yo ordinario pierde así su fuerza y se establece una atención de una cualidad muy fina, abierta e inclusiva; el cuerpo, también despierto, se mueve con gran precisión, hay una sensación física de espacio y silencio. Cabe aclarar que, si bien estos momentos de «gloria» suceden, muy pocas personas son capaces de mantenerse en ellos; conviene recordar que los resultados no nos pertenecen.

Los Movimientos son de diversos tipos: hay ejercicios, movimientos, danzas funerarias, danzas derviches, de mujeres, tibetanas, pitagóricas, oraciones, multiplicaciones, etcétera. Todos ellos son eneagramáticos, es decir, siguen las leyes universales. Como expresa Pauline Dampierre:

> «[...] Era sorprendente descubrir un conocimiento de este arte (danza) en alguien cuya enseñanza era tan vasta. Todo el mundo tenía la sensación de que estaba en presencia de algo único que venía de muy lejos y de muy arriba: un antiguo conocimiento de las leyes del universo, de las leyes que gobiernan los movimientos y las posturas, de las leyes de la armonía del cuerpo y de sentimientos de un orden elevado. Cada posición, cada tempo, tenía que ser ejecutado con gran precisión. Gurdjieff a menudo utili-

> zaba la expresión "hacerlo exactamente". Cuando este "hacerlo exactamente" estaba presente cada postura resonaba en nosotros como un profundo eco de algo mucho más alto. Brotaban fuerzas olvidadas desde hace mucho tiempo».[27]

Las distintas etapas evolutivas que atravesaremos se corresponden con los distintos niveles de inteligencia o cuerpos de los que habla Gurdjieff.[28] En relación con la danza, el nivel más superficial es el de la forma. Una vez hemos interiorizado con precisión las posturas, podemos comenzar a sentir cómo es el movimiento energético a nivel interno; los cambios de posiciones alteran su recorrido, por ejemplo: si subo la cabeza, se abre un espacio receptivo a la fuerza de elevación, si la bajo, hay un descenso hacia el cuerpo, hacia la tierra. A través de los pies y la cualidad de los pasos me conecto con la fuerza de la gravedad, del agua, del fuego o del aire; con el movimiento de los brazos puedo detener el flujo o abrirme a recibirlo. Al comienzo de este nivel hay un continuo ajuste de la cantidad de energía que llevo a cada postura, hemos de estar atentas al tono muscular y también al alineamiento para que la energía fluya de manera correcta por la columna vertebral. Es también extremadamente importante el trabajo de contención y sumisión a esta energía porque es lo que va a permitir la alquimia de la transformación. Necesitamos gran cantidad de energía burda para obtener un poco de energía sutil que vaya cristalizando. Esta experiencia totalmente física va acompañada de una lucidez mental, de un sentimiento verdadero de alegría, de gozo y de un compartir real con el grupo desde un lugar que no sé cómo describirlo, pero que quizás sea una de las antesalas del Uno.

Cuando adquirimos experiencia sobre estos primeros niveles, accedemos al tercer nivel, el de los impulsos, el cual requiere conocer nuestro centro de inmovilidad situado en el *hara* y nuestro centro del sacro, del que parten los movimientos internos que están detrás de las posturas. Si logramos profundizar en dichos centros, podremos asumir el reto de «quitarnos del medio» para que el arquetipo de la danza se exprese a través de nuestro cuerpo mientras somos pura consciencia que observa.

Sin ánimo de desalentar a nadie, debo señalar que el estudio de las distintas etapas que viviremos hasta estabilizarnos en el estado de contemplación puede llevarnos años e incluso décadas. Sí, hay momentos de silencio, de conexión, de ecuanimidad y de equilibrio ante el apego y el rechazo; se viven estados despiertos más o menos duraderos e incluso se pueden tener visiones del Sí mismo practicando las danzas sagradas, sin embargo, esto se desvanece, constatando así el poder tan grande de la mecanicidad. El mental, *manas* en sánscrito, el mentiroso o Satán en el cristianismo, es una fuerza que no podemos subestimar.

Por todo ello, creo necesario añadir que no conviene dar demasiada importancia a estas experiencias de «iluminación» mientras no estén integradas. Como señala Mariana Caplan[29] con humor e inteligencia en su libro *Con los ojos bien abiertos*, si nos apegamos a este tipo de éxtasis, existe el peligro de desarrollar una «enfermedad de transmisión espiritual», perdiendo de vista el objetivo –trascender el yo–, cayendo así en lo que Chögyam Trungpa llama «materialismo espiritual»: utilizar las técnicas espirituales para fortalecer nuestro egocentrismo.

Con algunas excepciones, la danza en la Vía adquiere todo su sentido en la medida en que la puedo trasladar a la vida. El reto es relacionarme conmigo, con las personas que me rodean y con el mundo en general desde el estado de presencia que requieren. La acción que buscamos es un movimiento desnudo de «yo» que nace del silencio y expresa la actitud justa. La Belleza que emana de esta quietud en movimiento está más allá de la mente conceptual. Cuando nos volvemos receptivas a nuestra profundidad, a la esencia de la danza de la Vida, podemos conectar con una sabiduría perenne, con la inteligencia del corazón de la cual surgen sentimientos profundos de Paz, Unión, Alegría y Amor, más allá del juego de opuestos.

Para concluir, una cita de Arnaud Desjardins que resume la actitud que hay que cultivar:

> «Swamiji decía: "Interiormente sean activamente pasivos, exteriormente sean pasivamente activos". 'Exteriormente, pasivamente activos' quiere decir activo pero con un no actuar, un soltar presa, una sumisión interior. Y, ¿por qué 'interiormente, activamente pasivos'? Si ustedes no ejercen cierta actividad para volverse pasivos, no serán silenciosos interiormente: estarán agitados, los pensamientos aparecerán. [...] Exteriormente, sean pa-

sivamente activos, como un instrumento de la verdad que tiene una comprensión superior a la comprensión ordinaria de la mente. Interiormente, sean activamente pasivos, vigilantes».[30]

Notas

1. Salzmann, Jeanne de. *La realidad del ser.* Ganesha, Venezuela, 2011, pág. 158.
2. Van der Leeuw, Gerardus. *Sacred and Profane Beauty: The Holy in Art.* Oxford University Press, Nueva York, 2006.
3. Siguiendo el modelo de niveles de conciencia de Ken Wilber según el cual la humanidad vive un proceso de evolución de la conciencia que va desde el nivel arcaico instintivo hasta el holístico y más allá. Cf. Wilber, Ken. *Espiritualidad integral.* Kairós, Barcelona, 2007. Más información en *www.kenwilber.com.*
4. Por regla general, aunque con alguna excepción, utilizo el femenino de forma genérica, siendo el sujeto la «persona».
5. Bebida de agua, cebada y hierbas utilizada para romper el ayuno, probablemente un enteógeno.
6. Excéntrico maestro baúl estadounidense discípulo de Yogi Ramsuratkumar cuya enseñanza se ubica a menudo dentro de la Loca Sabiduría.
7. Dürkheim, Karlfried. *Hara.* Mensajero, Bilbao, 2002.
8. Tantra entendido en su concepción original como práctica mística que llevan a cabo alumnas avanzadas tanto dentro del budismo como del hinduismo. Término alejado de lo que algunas personas en Occidente llaman con muy poco rigor tantra reduciéndolo a prácticas de sexualidad accesibles a todo el mundo.
9. *Cham* significa «máscara». Más información, imágenes y vídeos en *www.chamdancing.com.*
10. Más información, imágenes y vídeos en *www.dancemandal.com.*
11. Más información, imágenes y vídeos en *www.lingdro.com.*
12. Trungpa, Chögyam. *Dharma, Arte y Percepción Visual.* Mtm, Barcelona, 2001.
13. Presidenta de la Universidad Naropa desde 1985 hasta 1993 y creadora de *Contemplative Dance Practice.* Ha publicado: Dilley, Barbara. *This Very Moment.* Naropa University Press, 2015.
14. Blum, Harrison. *Dancing with Dharma.* Harrison Blum, Jefferson, 2016.
15. Información detallada sobre danzas extáticas: Oesterley, W.O.E. *The Sacred Dance in the Ancient World.* Cambridge University Press. 1923
16. Antigua divinidad de fenicios babilonios, caldeos, cartagineses, filisteos y sidonios. A veces se le representaba con un toro.
17. Más información en http://www.jewishvirtuallibrary.org/jsource/judaica/ejud_0002_0005_0_04849.html
18. Traducido por la autora a partir del texto en inglés de G.R.S. Mead.

19. Luerssen '67, Jade, *The Evolution of Sacred Dance in the Judeo-Christian Tradition* (1967). Honors Projects. Paper 20. http://digitalcommons.iwu.edu/religion_honproj/20
20. Enseñanza de los doce apóstoles, obra compuesta al parecer entre los años 65 y 80 d.C. que algunas consideran el primer catecismo cristiano.
21. Cf. Wighard, Strehlow. *Hildegard of Bingen's Spiritual Remedies*. Inner Traditions, Rochester, 2002.
22. *www.danzacontemplativa.com*.
23. *www.sacreddance.de*.
24. *www.societysacredheart.org.uk*.
25. Cristianismo esotérico, pitagorismo, sufismo y budismo.
26. El conjunto de los tres centros, físico, emocional e intelectual, constituye el instrumento que el alma necesita para aprender y cumplir su misión en la Tierra. Cada centro posee partes inteligentes y mecánicas; gran parte del Trabajo consiste en situarnos en las partes inteligentes de los centros.
27. Cf. Needleman & Baker. *Gurdjieff: Essays and Reflections of a Man and His Teaching*. Jacob Needleman and George Baker Editors, Nueva York, 1996, pág. 294.
28. Se puede encontrar una descripción exhaustiva de la enseñanza de Gurdjieff en: Ouspensky, P. D. *Fragmentos de una enseñanza desconocida*. Gaia, Madrid, 2012.
29. Caplan, Mariana. *Con los ojos bien abiertos*. Kairós, Barcelona, 2010.
30. Desjardins, Arnaud. *La meditación*. Kairós, Barcelona, 1990, pág. 114.

Música y conocimiento

Sobre la capacidad reveladora del arte musical

Jaime R. Pombo (Barcelona, 1972), licenciado en Musicología por la Universidad Autónoma de Barcelona y en Filosofía por la Universidad de Barcelona. Ha trabajado como profesor de música en diferentes centros educativos, y ha impartido conferencias sobre música clásica indostaní en la ESMUC (Escuela Superior de Música de Cataluña). Simultanea el estudio musicológico de esta tradición musical asiática con la práctica instrumental de la *bānsurī* (flauta travesera india).

Es autor de *La música clásica de la India* (Kairós, 2015), primer libro en lengua castellana dedicado por entero a esta tradición artística. Ha publicado también artículos monográficos y crítica especializada en varias revistas musicales (*Scherzo, Audioclásica, Revista Musical Catalana* y *Serenade*).

Se puede consultar su página web www.jaimerpombo.com

Cultural e históricamente, el ser humano ha manifestado diferentes actitudes frente a la realidad y ha explorado diversos caminos para experimentarla y comprenderla, tanto en relación a lo más íntimo de su existencia como en relación a todo aquello que le rodea. Caminos que son tecnologías de saber y que le permiten entender mejor quién es y dónde está, pudiendo así lograr un cierto grado de desarrollo y plenitud existencial. Son procesos, por tanto, que suelen implicar la transformación, más o menos drástica, de quien los lleva a cabo. Lo que, de manera genérica, entendemos por «contemplación» constituye uno de esos caminos. Definido de manera básica, el concepto remite a la acción intelectiva de «poner la atención en» un objeto, pudiendo ser este último de muy diversa naturaleza. Qué objetos resultan más adecuados y a qué lugar psicológico o espiritual nos conduce el perseverar en semejante ejercicio es algo sobre lo que las diferentes culturas del mundo y las diferentes ramas del saber humano (tómese aquí la palabra «saber» en su más amplia acepción) podrían debatir largamente.

La música, por su naturaleza no material, por ser un arte que se edifica por entero a partir de un elemento intangible, la vibración acústica, ha sido juzgada con frecuencia como un objeto especialmente adecuado en el que «poner nuestra atención». Un objeto entendido por muchos como un vehículo cualitativamente privilegiado mediante el cual acceder a esa experiencia extra-ordinaria de la realidad, a esos lugares psicológicos o espirituales de los que antes hablábamos. Tanto la historia del arte musical clásico occidental como la del arte musical clásico de la India –las dos tradiciones que en este escrito vamos a considerar, entretejiendo someras exposiciones de teorías, ideas y opiniones históricas de la una y de la otra– cuentan con un buen número de creadores y teóricos que han sostenido que la música posee esa capacidad de revelar esencias. El propósito de este breve escrito, quizá huelgue decirlo, no es intentar cubrir todos esos nombres e ideas, sino tan solo ofrecer un pequeño recorrido, aunque significativo, por algunas formulaciones históricas relevantes del tema que pueda servir para alumbrarlo en alguna medida.

De acuerdo con importantes pensadores clásicos de la antigua Grecia, un corpus filosófico crucial para el posterior desarrollo de la civilización occidental, el valor y las virtudes de la música son realmente fundamentales. La escuela pitagórica situó a este arte, integrándolo en su visión cosmogónica y metafísica de la realidad, en una posición claramente destacada de su sistema ideológico. El pitagorismo entiende que el cosmos es un conjunto armónico de elementos y fuerzas, cuya lógica más esencial está regida por relaciones numéricas. El alma humana, en tanto parte del cosmos, es también una realidad armónica. El orden y la proporción matemática, según este entender, son principios inmanentes a todas las cosas y descubrir esa lógica interna nos permite entender la realidad en su totalidad. La música, arte basado en principios armónicos, revela ese orden y proporción del cosmos. Para esta corriente de pensamiento, las proporciones numéricas consonantes sobre las que la música se construye son el reflejo manifiesto o audible de la armonía universal, una especie de modesto modelo físico a pequeña escala del esencial sistema numérico que rige la creación. Si, de acuerdo con esta idea, la proporcionalidad de la interválica musical refleja esa «armonía del todo», podemos de ello inferir que la escucha atenta de este arte nos permitirá tomar conciencia y conocer esos básicos principios y relaciones numéricas que regulan el mundo.

Por ser la música la expresión artística de la armonía universal, el pensamiento pitagórico entendió que podía tener un efecto anímico terapéutico o catártico sobre el ser humano. Como hemos dicho anteriormente, también el alma humana es orden y proporción, una realidad armónica. Por eso las almas perturbadas, aquellas que han perdido su equilibrio y sosiego, pueden restablecer su natural orden y armonía mediante una escucha plenamente atenta de ciertas melodías y ritmos. Constituiría esto una suerte de re-afinación espiritual. El caos o desequilibrio interior que una persona puede estar sufriendo logra así purgarse, según esta idea, gracias al proceso de mímesis espiritual (lo que es, en realidad, un «recordar» su naturaleza más básica) que el oyente lleva a cabo en relación a la armonía que la música manifiesta. Los pitagóricos afirmaban que el cuerpo del ser humano se purifica con la medicina, su alma, con la música.[1]

Una idea muy importante de este sistema filosófico clásico, en relación a todo lo dicho hasta aquí, es la de «música de las esferas». Para el pensamiento pitagórico, lo que hemos llamado «armonía universal» no es tan solo un concepto teórico nacido a partir de la abstracción filosófico-matemática del orden observado en el mundo, sino que es algo que se manifiesta también físicamente. Los cuerpos celestes que componen el cosmos, en virtud de sus dimensiones físicas y de la aritmética de sus movimientos, también generan una cierta armonía, una cierta consonancia musical. Es una música cósmica sutil y siempre presente que el oído humano ordinario no puede discernir. No obstante, algunos autores, históricamente posteriores, afirmaron que Pitágoras sí tuvo la facultad de percibir esa armonía cósmica. El pensamiento musical clásico de la India también nos habla de un sonido cósmico (*anahata-nada*), que es la manifestación sutil de la divinidad, inaudible para el ser humano corriente, pero experimentable por algunas personas espiritualmente avanzadas (*yogi*). Más adelante volveremos a esto último para explicarlo un poco mejor.

La noción pitagórica sobre la música celeste ejercerá una importante influencia en el pensamiento musical medieval. Muchos tratados de esta época nos hablan –eco histórico de esa primera formulación– de la «música humana» como el imperfecto reflejo terrenal de la armonía que propicia el movimiento de los diferentes astros de la bóveda celeste, una «música mundana» orquestada por el Creador. El arte musical puede servir así para aunarnos espiritualmente con el orden divino.

Platón también era de la opinión de que la música es un arte con una capacidad muy notable de transmitir conocimiento. Su pensamiento asemeja el conocimiento musical a la reflexión filosófica ya que, de acuerdo con sus postulados más básicos, cultivar la belleza es sinónimo de cultivar el saber.[2] Concebir la creación musical como un filosofar mediante un lenguaje no verbal es una idea que, como más tarde veremos, han expuesto y razonado con mayor detalle algunos pensadores posteriores. El sistema filosófico platónico es heredero de las ideas pitagóricas sobre la armonía subyacente del universo, su correlación con el alma humana y sobre cómo la música manifiesta, de manera empírica y fácilmente asimilable, ese orden. La contemplación musical, la escucha completamente atenta del mensaje sónico de la música, nos revela, entiende también Platón, la esencia más profunda del universo, el íntimo sistema de leyes y relaciones que estructuran toda la realidad. Constituye, por ello, un importante instrumento cognoscitivo. En la siguiente cita, extraída de uno de sus más importantes diálogos, nos habla, como ya lo hicieron anteriormente los pitagóricos, del efecto catártico o medicinal que la armonía musical –melodía y ritmo– puede ejercer sobre el alma humana perturbada:

> «Ésta [la armonía musical], como tiene movimientos afines a las revoluciones que poseemos en nuestra alma, fue otorgada por las Musas al que se sirve de ellas con inteligencia, no para un placer irracional, como parece ser utilizada ahora, sino como aliada para ordenar la revolución disarmónica de nuestra alma y acordarla consigo misma. También nos otorgaron el ritmo por las mismas razones, como ayuda en el estado sin medida y carente de gracia en el que se encuentra la mayoría de nosotros».[3]

En la cultura religiosa de la India pervive la creencia de que los textos más antiguos y cruciales del hinduismo no son obra humana (*apaurusheya*), sino que son la manifestación directa de la divinidad. Los textos que componen la llamada literatura védica se conocen, de manera genérica, con el nombre de *shruti*, lo oído. Los antiguos sabios de la India (*rishi*) generaron ese saber prestando oído atento a la verdad que, se supone, estaba ya en su interior. Por así decir, no crearon nada nuevo, sino que, más bien, sirvieron de vehículo físico para formular oralmente las leyes eternas que rigen el cosmos, inmanentes al ser humano. La revelación de esta verdad universal es algo que acontece, por tanto, no por transmisión externa, sino gracias a una refinada y profunda tecnología de introspección. Es la meditación lo que permite, una vez completado el largo proceso de purificación interna que supone, escuchar y comprender la verdad.

La tradición musical de la India presenta ideas afines. Los *raga*, las escalas melódicas de la música clásica, han sido históricamente concebidos –manera de entender que se mantiene vigente en el mundo musical contemporáneo– como entidades metafísicas y eternas. De la misma manera a cómo el sabio sirve de canalizador del orden divino, descifrando y facilitando la comprensión del sentido último de todas las cosas, también el músico es alguien que canaliza, mediante su interpretación, una entidad musical preexistente. El *raga* es, según esto, una realidad musical eterna y esencial que el cantante o instrumentista manifiesta, con mayor o menor perfección dependiendo de su nivel artístico y también de lo inspirado que esté en el momento, cada vez que canta o toca. El sabio trae al mundo la verdad, el músico trae al mundo el *raga*. Y ambas cosas han existido siempre.

Resulta evidente –al menos para aquellas personas que se hayan enfrentado al hecho de una manera suficientemente prolongada– que, en el proceso de creación musical, ciertos factores psico-emocionales juegan un papel realmente importante. Un gran artista, un gran creador, en ciertas ocasiones, producirá música brillante y hasta sublime y, en algunas otras, tan solo correcta. Con frecuencia decimos que lo que marca la diferencia entre ambos casos es la inspiración. Un caprichoso estado psicológico creativo que se presenta y se ausenta a voluntad y que burla cualquier intento de sometimiento o control por parte del artista. Sin embargo, no pocos músicos y compositores van más allá de los meros condicionantes psico-emocionales y afirman que la inspiración es, en realidad, una suerte de conexión personal con dimensiones trascendentes. En este sentido, se habla también de este favorable estado creativo que es estar inspirado llamándolo «estar conectado». Volviendo a lo que anteriormente decíamos, el músico sería, según esta manera de entender, un instrumento canalizador necesario para que la obra musical pueda manifestarse y ser comunicada. Uno de los compositores más importantes de la música clásica occidental del siglo XX, Igor Stravinsky, así lo entendía y afirmó:

> «Porque la unidad de la obra tiene su resonancia. Su eco, que rebasa nuestra alma, resuena en nuestros prójimos, uno tras otro. La obra cumplida se difunde, pues, para comunicarse, y retorna

finalmente a su principio. El ciclo entonces queda cerrado. Y es así como se nos aparece la música: como un elemento de comunión con el prójimo y con el Ser».[4]

La teoría estética de la India también nos habla de esa comunión con el prójimo que puede experimentar el ser humano gracias a la música. El elemento que permite llegar a ese «unísono espiritual» es el *rasa*, su contenido emocional. Cuando el músico, mediante una interpretación emocionalmente intensa del *raga*, logra manifestar y comunicar a la audiencia el *rasa* latente en él, se puede alcanzar una bella e íntima consonancia anímica entre el intérprete y cada uno de sus oyentes. Es la fusión anímica de cada uno de los miembros de un grupo humano gracias a la experiencia colectiva de la belleza. Una contemplación colectiva. El legendario intérprete y padre del *santur* clásico indio, Shivkumar Sharma, nos habla de esta aspiración estético-emocional del músico cuando nos dice:

> «Lo que esperamos [los intérpretes] de la audiencia es que consigan situarse en la misma frecuencia. Deben sentir lo mismo que el artista está sintiendo [al tocar o cantar]».[5]

Esta catarsis estética que es experimentar el *rasa* al escuchar la obra musical (alcanzable también mediante las demás artes) ha sido entendida en la India como una experiencia mística, como un estado de emancipación espiritual que ayuda al hombre a liberarse de los condicionamientos físicos y, por tanto, a tomar conciencia de la dimensión más profunda y real de su existencia; una esencia común a todos que es inmaterial y eterna (*atman*).

El pensamiento musical occidental, como ya empezamos a ver algunas páginas antes, también ha sostenido la idea de que la obra musical es una vía privilegiada para acceder a niveles de realidad que trascienden la vida ordinaria. Un parecer que han defendido tanto autores –músicos y teóricos– con firmes convicciones religiosas como laicos. El planteamiento resulta similar en ambas tradiciones; concebir la música como un medio privilegiado para manifestar y acceder a estratos de la realidad velados para la conciencia ordinaria. El influyente pensador romántico Arthur Schopenhauer, apasionado melómano en cuya concepción metafísica de la realidad la música desempeña un papel muy destacado, afirmó que:

> «[…] el compositor revela la esencia íntima del mundo y expresa la más honda sabiduría en un lenguaje que su razón no comprende […]».[6]

Para Schopenhauer, la obra musical –manifestación directa de la voluntad humana, sin necesidad de que medien o participen las ideas, como sí ocurre con las demás artes– constituye todo un constructo de pensamiento metafísico que el espíritu humano elabora sin ser consciente de ello. La música puramente instrumental, cualitativamente superior a la música provista de texto, que es entendido por el filósofo alemán como un elemento más bien contaminante y limitador, es capaz de sumirnos en una contemplación estética profunda que nos posibilita llegar a entender aspectos fundamentales tanto de nosotros mismos como del mundo en el que vivimos. En este sentido, Schopenhauer dijo también que si en días futuros pudiéramos traducir en palabras lo que el compositor Ludwig van Beethoven dijo con su obra sinfónica, se revelaría con ello la más profunda y refinada de las filosofías.

Por ser la música la manifestación in-mediata de la voluntad, Schopenhauer le otorga, consecuentemente, una capacidad semiótica universal. Con ella se expresa la esencia del mundo, el «en sí» de las cosas, no el fenómeno particular. Por eso «[...] el efecto de la música es mucho más poderoso y penetrante que el de las demás artes: pues éstas solo hablan de la sombra, ella del ser».[7] Sobre esta universalidad del lenguaje musical, sobre el poder de abstracción y superación de lo particular y contingente de su mensaje, nos dice:

> «[...] porque nunca expresa [la música] el fenómeno sino solo la esencia interior, el en sí de todo fenómeno, la voluntad misma. De ahí que no exprese esta o aquella alegría particular y determinada, esta o aquella aflicción, dolor, espanto, júbilo, diversión o sosiego, sino *la* alegría, *la* aflicción, *el* dolor, *el* espanto, *el* júbilo, *la* diversión y *el* sosiego *mismos*, en cierto sentido, *in abstracto*; expresa su esencia sin accesorio alguno y, por tanto, sin sus motivos. Sin embargo, la comprendemos perfectamente en su quintaesencia abstraída».[8]

También el pensamiento artístico tradicional indio ha querido conceder a la música (y a las demás artes) esa dimensión universal de su significado. El *rasa* que la interpretación musical comunica al oyente es también una universalización del sentimiento en cuestión, no su manifestación meramente puntual y particular. Según ciertos postulados estéticos de la India, experimentar el placer estético de, por poner un ejemplo, lo erótico (*rasa shringara*) no supone reconocer en lo que se escucha (o se ve) tan solo la propia y personal experiencia emocional acumulada en materia erótico-amorosa, sino acceder a una experiencia y comprensión del fenómeno general, profunda e impersonal, haciendo con ello abstracción de los casos concretos. Experimentar y comprender el *rasa* es experimentar y comprender la «quintaesencia» del sentimiento en cuestión, por utilizar las palabras de Schopenhauer.

El factor de la inspiración, al que hace un rato hemos dedicado ya algunas líneas, resulta doblemente relevante en el caso de la música clásica de la India, arte en el que la mayor parte de la interpretación es improvisación. La composición culta occidental, entendida de manera tradicional, se puede elaborar y calcular antes de ofrecérsela al oyente. El creador puede esperar, de manera más o menos paciente, a que la musa se decida a visitarle durante sus días de trabajo. La música clásica india, en cambio, se gesta –en su mayor parte– en el mismo momento que se interpreta. El músico indio es, a la vez, el compositor y el intérprete de la música que nos ofrece. Por eso, en su caso, la cita con la divinidad que ha de ayudarle a elevar la belleza y trascendencia de su mensaje artístico es mucho más estricta; tiene fecha y hora. Como anteriormente decíamos, aunque ese afortunado encuentro no se produzca, la música de un buen intérprete será siempre digna de ser escuchada, pues su oficio le permitirá mantener un nivel artístico siempre interesante. No obstante, cuando el encuentro ocurre, nos será posible reconocer en la interpretación del *raga* que se nos ofrezca ese exquisito «extra» de creatividad y belleza, ese «toque divino», como algunos dicen. En la India, muchos músicos y aficionados, cuando del improvisado discurso musical brota una frase particularmente bella, elevan su mirada al cielo.

La experiencia sónica ha sido entendida en la India, desde tiempos realmente remotos, como la manifestación directa de la divinidad; una forma privilegiada, por tanto, de conectar con ella. Volvemos a situarnos en el contexto espiritual védico para trazar el origen de una interesante línea de pensamiento, particularmente importante para el arte musical de este país. En el *Rig-Veda* se nos habla de la deidad *Vac* como la personificación femenina de la palabra; la Palabra sagrada primordial. Tenemos, pues, que la palabra inspirada y reveladora proferida por el sabio o *rishi*, en tanto canalizador de la verdad, es la expresión sonora e inteligible de aquella otra vibración cósmica; primordial, eterna y demasiado sutil para ser percibida por los oídos de la persona no purificada. De manera esencial, el verbo de la persona espiritualmente consciente es así entendido como un sonido sagrado que es revelación de lo eterno y trascendente, una manifestación directa de la divinidad. Lo comprendido y comunicado oralmente por el sabio supone, según esto, la manifestación del Absoluto, la manifestación acústica del mismo *Brahman*. A partir de esta lógica nace el concepto clásico de *Shabda-Brahman*, que identifica el habla del vidente de la verdad, el habla de quien ha podido escuchar la Palabra primordial, con la Suprema Realidad (*shabda*; palabra sánscrita que en este contexto denota «palabra o sonido articulado»).

El concepto de *Shabda-Brahman* será históricamente suplantado, sobre todo en el terreno de la filosofía del arte, por el más sugestivo y amplio concepto de *Nada-Brahman*. El término sánscrito *nada* presenta un campo semántico comparativamente más rico. Esta palabra alude al sonido en un sentido más genérico, incluyendo el lenguaje oral, pero también cualquier otra forma de expresión sónica; como lo es –de manera destacada y privilegiada– el lenguaje musical. Así pues, entendemos ahora, con esta reformulación del concepto, que es el sonido, tomado en el sentido más amplio, la manifestación sensible y cognoscible del *Brahman*; una vía de contacto, por tanto, con la Suprema Realidad.

El *Brahman*, Principio Supremo para el hinduismo, es, según esta particular perspectiva cosmogónica, fundamentalmente sonido, una vibración cósmica eterna. Como tal, como principio eterno que es, constituye una realidad causal pero no causada. De acuerdo con esta manera de entender qué constituye la realidad más básica e íntima del mundo, existen dos tipos de sonido, distinguibles en función de su naturaleza más o menos sutil y refinada. El primero de ellos es aquel que podemos percibir de manera ordinaria. Se trata del sonido manifiesto y audible, el que nace por el impacto de dos elementos físicos, y su nombre sánscrito es *ahata-nada*. Tanto el canto como la música instrumental pertenecen a esta primera categoría de sonido. Es la manifestación sensible, aunque cualitativamente burda, del *Brahman*. El segundo tipo de sonido, *anahata-nada*, es un sustrato de vibración más sutil y no perceptible por el hombre común. Es una vibración constante, indiferenciada y que, por ser de naturaleza más profunda y trascendente a nuestra sensibilidad ordinaria, solo la persona espiritualmente avanzada puede escuchar. Los dos tipos de *nada* son así dos niveles distintos de una misma realidad. El sonido manifiesto (*ahata-nada*) es la expresión tosca, contingente y discernible del *Brahman*, mientras que aquel sonido no manifiesto (*anahata-nada*) que percibe, además, el *yogi* es la expresión sutil, eterna e indiferenciada de esa misma realidad.[9]

Volvemos así a encontrarnos con una idea muy cercana a la expresada previamente (históricamente muy anterior, no obstante) en relación al intérprete como canalizador del *raga*. El sonido es, en su dimensión más fundamental, una realidad trascendente y eterna de la que emana toda aquella manifestación sónica que el ser humano común puede percibir. La música es, por tanto, la expresión puntual y contingente del eterno sonido del universo, que es la esencia y el fundamento de todo lo que existe. El músico indio, poseído por esta creencia, considera su práctica musical (*ahata-nada*) como la expresión sensible –por ello, comparativamente tosca e imperfecta– de la vibración cósmica, el estrato más profundo y esencial de la divinidad (*Nada-Brahman*). La música es así entendida como un proceso de perfeccionamiento espiritual (*sadhana*), pues su último objetivo no es entretener a la audiencia, sino la comprensión y el acercamiento al *Brahman*. Una suerte de ritual (*puja*) sónico que el artista lleva a cabo con la postrera e íntima intención de honrar a la divinidad. Una oración expresada musicalmente.

El yoga clásico de Patañjali y la música

La literatura clásica de la India cuenta con una obra realmente crucial en el desarrollo histórico de la cultura espiritual del país. Se trata de los *Yoga-Sutra* de Patañjali, una breve colección de aforismos que ilustran sobre cómo proceder para lograr el control de la mente, condición necesaria para alcanzar la liberación espiritual. A este tipo de yoga se le conoce también –existen otras modalidades históricas de yoga– con los nombres *ashtaanga-yoga* (el yoga de los ocho miembros) y *raja-yoga* (el yoga regio; un nombre más reciente). Esta disciplina espiritual propone el control de los procesos mentales como vía de emancipación del mundo fenoménico, lo cual posibilita des-cubrir y acceder al estrato más profundo de nuestro ser, la conciencia.

En cuanto técnica de meditación, en cuanto método contemplativo, el sistema yóguico de Patañjali puede resultar en gran medida comparable al proceso de concentración mental que tanto el músico como el oyente llevan a cabo para crear la obra musical o bien disfrutar de ella. Vamos a considerar –tan solo brevemente aquí, aunque la idea quizás merezca un estudio comparativo más extenso, matizado y profundo– cada uno de los ocho miembros de este yoga clásico para comprobar hasta qué punto ambas prácticas, meditación y música, resultan similares.

Los dos primeros elementos que este método yóguico establece (*yama* y *niyama*) son restricciones y prescripciones éticas de conducta, tanto personales como sociales, y por tanto no tienen quizás una correspondencia demasiado evidente con el hecho musical. Disciplinas o hábitos personales como la castidad, la carestía de bienes materiales, la no violencia o algunos tipos de abstinencia y penitencia –que Patañjali incluye en su método no por su valor estrictamente moral, sino más bien por su capacidad de generar desapego e independencia en el individuo que las practica– no parece que tengan que ver, necesariamente, con las cualidades personales que el músico o el oyente ha de poseer para crear o disfrutar de la música. Sí es verdad que algunos músicos –la mayor parte pertenecientes a escuelas musicales históricas de perfil artístico muy concreto– insisten en la necesidad de observar una cierta conducta ética o incluso ascética en favor de la calidad de la creación artística.[10] Pero la realidad desmiente de manera más bien rotunda la creencia de que una cierta conducta moral o ética personal sea *conditio sine qua non* para que el músico pueda crear de manera inspirada y significativa.

El tercer *anga* o miembro del proceso yóguico sí resulta ya claramente comparable a la práctica musical. Este tercer elemento es la necesidad de adoptar una postura física (*asana*) adecuada antes de emprender las demás etapas de la técnica meditativa. Patañjali nos habla de la conveniencia de que la postura del *yogi* sea «estable y cómoda», una postura que suponga la «relajación del esfuerzo» físico por parte del practicante.[11] En la práctica musical, el intérprete también ha de ser muy consciente y cuidar la posición física que adopta para elaborar su discurso. Es importante que el músico tenga presente ciertas pautas posturales para poder cantar o tocar con comodidad y fluidez, sin que la calidad acústica y expresiva de su interpretación se vea distorsionada por ello. También para evitar tensiones y dolencias físicas, causadas por una posición corporal inapropiada mantenida durante demasiado tiempo, que puedan volverse incluso crónicas. En relación a esto, cabe destacar que en el pasado siglo XX se ha llevado a cabo una significativa aplicación a la práctica musical de la llamada «técnica Alexander» (ideada por el australiano Frederick Matthias Alexander). Una técnica que ayuda a tomar conciencia y a corregir aquellos hábitos físicos que bloquean o impiden el correcto funcionamiento de nuestro cuerpo y que ayuda también a que podamos desarrollar su potencial natural. La música debe brotar de una correcta postura y disposición del cuerpo humano. En este sentido, conviene también que el oyente la reciba adecuadamente.

Otro elemento realmente esencial para la práctica musical es el control de la respiración. Es evidente que, tanto para los cantantes como para los instrumentistas de viento, un buen control de la intensidad y el ritmo respiratorio resulta crucial. Muchos de nosotros habremos sido testigos, alguna vez, de las funestas consecuencias que la falta de dominio sobre la propia respiración (debido a los nervios del momento, a una eventual dificultad física...) ha ocasionado en la calidad y la expresividad musical de, por ejemplo, un cantante o un flautista. No obstante, también los demás instrumentistas, no solo los de viento, requieren alterar en cierta medida su ritmo respiratorio habitual. Esto facilita una mayor y mejor concentración en la ejecución musical. De hecho, es un fenómeno habitual que la respiración de un instrumentista absorto en su interpretación acabe, de alguna manera, acompasándose con la música que de él emana. Un hecho que puede también experimentar el oyente mental y emocionalmente atento. El cuarto miembro del método yóguico de Patañjali es el llamado *pranayama*, el control de la respiración.[12] Es un elemento fundamental del método, que contribuye de manera muy importante a serenar el pensamiento y a lograr el control mental, objetivo básico del yoga. Porque la paz mental se puede obtener «mediante la expulsión y la retención de la respiración», nos dice, de manera directa, el autor de los aforismos en la primera sección de su obra.[13] De hecho, ejerciendo el control sobre la respiración se inicia ya una cierta concentración mental, yendo con ello más allá de la mera postura física (*asana*) y preparando el terreno para la absorción meditativa. Con una consciente regulación del ritmo y de la profundidad de nuestras inspiraciones y espiraciones, «la mente queda capacitada para las concentraciones».[14]

Con el quinto *anga* o elemento del yoga nos adentramos ya en un campo de experiencia puramente mental. Lo que el método llama *pratyahara* es, definido con solo un aforismo y de manera básica, «el dominio supremo de los sentidos».[15] El *sadhaka*, el practicante, aísla de manera consciente su mente de los estímulos físicos que le rodean y que pueden interferir en su progresivo proceso de concentración; es lo que podríamos definir como un «cierre de la percepción sensorial», un estado de inhibición sensorial. La *Bhagavad-Gita*, texto fundamental del hinduismo, compara este aislarse sensorialmente de lo exterior con una tortuga que retira o esconde sus extremidades, quedando así recogida en el interior de su caparazón.[16] Si la meta que persigue el yoga es la detención de los procesos mentales, parece lógico que uno de los pasos por dar en ese camino sea el distanciamiento de nuestros sentidos respecto a sus potenciales objetos. Por eso Patañjali nos dice: «La retirada de los sentidos se produce cuando estos no entran en contacto con sus respectivos objetos y parece como si imitasen el funcionamiento de la mente».[17] Cuando los sentidos se dirigen hacia dentro, cuando se recogen, cuando dejan de estar atentos a lo que ocurre fuera de nosotros, «parece como si imitasen el funcionamiento de la mente», se comportan como cuando la mente se ejercita en la introversión y deja de distraerse con lo que es ajeno. También el músico y el oyente necesitan llevar a cabo –o, al menos, conviene que lo hagan– un cierto distanciamiento de las contingencias y distracciones que el mundo físico que los rodea puede generar para interpretar la obra musical, o bien para disfrutar de ella con plena concentración. No se trata, como decimos que sí ocurre en relación al yoga, del bloqueo o la anulación de la percepción sensorial, sino, más bien, de focalizar los sentidos que sean necesarios (en esto podrá diferir el músico del oyente) en el proceso musical, aislándolos de cualquier interferencia ajena a ese proceso. Los sentidos que no sean necesarios para ello sí pueden, o incluso deben, «retirarse».

La fijación de la atención en un determinado y único objeto es el siguiente paso del método, y en el texto *Yoga-Sutra* este sexto elemento recibe el nombre de *dharana*, concentración. En la tercera sección de la obra leemos: «La concentración es la fijación de la mente en un punto».[18] Este punto al que dirigir la atención, lo que ayuda a la mente a focalizar y a evitar, gracias a ello, que deambulemos de idea en idea, puede ser algo externo o interno. Algo externo podría ser, por ejemplo, un punto de luz o un olor determinado y estable. Algo interno, una zona del cuerpo físico en la que localizar un centro de energía sutil (*chakra*) o incluso un sentimiento en abstracto. Pero también se puede fijar la atención en algo externo que tenemos ya interiorizado, es decir, en la re-creación mental de un objeto adquirido, inicialmente, a través de los sentidos. Este es el caso del objeto musical. Cuando el artista se dispone a interpretar su música –una sonata, un *raga*, un *bhajan*...– centra su atención, después de haber tomado conciencia de su postura física, regulado su respiración y «ajustado» su percepción sensorial, en el íntimo y profundo carácter de lo que va a tocar o cantar. Fija su atención en la idea de la obra que va a interpretar y deviene esta el objeto de su concentración. En la India, el músico clásico se toma un cierto tiempo para condensar su concentración, ayudado por el sonido del *tanpura*, en el carácter del *raga* que va a interpretar antes de atacar su primera nota (a menudo, de importante impacto emocional en el oyente). Un director de orquesta también dedicará a esto unos instantes, para su concentración y la del resto de músicos sobre el escenario, antes de levantar sus manos.

El siguiente paso del proceso puede ser entendido como una intensificación del anterior. La concentración, que hemos establecido en un único objeto, se prolonga en el tiempo y adquiere mayor definición y densidad, de manera que ese elemento escogido se establece como el único contenido de nuestra actividad mental. El practicante experimenta así, en profundidad, ese único elemento que ocupa su mente. Patañjali nos dice en su obra: «La meditación es la continuidad perceptiva en ese mismo punto [establecido en el *dharana*]».[19] Esta fase del proceso, la meditación prolongada y estable en el objeto elegido, recibe el nombre de *dhyana*. En música, y de acuerdo con esto, una vez hemos focalizado nuestra percepción y concentración, podemos meditar en ese objeto sonoro el tiempo que dure su interpretación. La obra musical constituye así nuestro único contenido mental y la experiencia cognoscitiva de ese objeto irá ganando profundidad a medida que exponga y desarrolle su mensaje. La meditación musical es, pues, un abandonarse, con plena concentración mental, a ese elocuente contenido sónico que la obra presenta al oyente.

El último y culminante estadio de este óctuple método yóguico es el *samadhi*, la contemplación. Se llega a este punto por una evolutiva intensificación del proceso iniciado con la concentración (*dharana*) y continuado con la meditación (*dhyana*). «La contemplación es esa misma [continuidad perceptiva] cuando refleja solo el objeto [percibido] y aparece como vacía de sí misma».[20] A este proceso en tres fases (*dharana-dhyana-samadhi*) Patañjali lo llama *samyama*, el dominio o control, tanto de la técnica contemplativa como del objeto contemplado. Cuando nuestra concentración en un objeto musical es suficientemente intensa y prolongada, cuando ese objeto es lo único que nuestra capacidad intelectiva «refleja», se puede decir que se ha alcanzado la contemplación musical. En su obra, Patañjali distingue entre dos tipos básicos de contemplación o *samadhi*; la contemplación cognitiva (*samprajñata-samadhi*) y la contemplación no cognitiva (*asamprajñata-samadhi*). El *sadhaka* o practicante, una vez alcanza el estado de contemplación cognitiva, accede a una comprensión del objeto profunda y absolutamente clara. La naturaleza de lo contemplado se muestra ante él en su dimensión más honda y diáfana. De manera diferente, en un estado de contemplación no cognitiva la obstrucción de los procesos mentales es absoluta y no existe ya un objeto concreto de meditación. En este segundo tipo de experiencia contemplativa, el practicante alcanza, de manera temporal, un estado extático que le permite trascender, gracias a la obstrucción total de los procesos mentales, su identidad y actividad psíquica ordinaria. Supone la liberación o superación del ego y los condicionantes de la materia (*prakriti*) para establecerse en su dimensión individual más profunda, en la pura conciencia (*purusha*). Por eso se puede decir que en este tipo de contemplación no cognitiva no existe ya ni objeto de contemplación ni tampoco sujeto que contemple.

Así pues, sumirse en la contemplación cognitiva de la música supone asimilar intelectivamente de manera clara y distinta su contenido, lo cual facilita, en virtud de un cierto proceso de identificación del sujeto con el objeto de su meditación, una comprensión especialmente lúcida y penetrante (*prajña*) de su mensaje. Nos hablaba Schopenhauer, algo más arriba, sobre la capacidad para revelar y comunicar «la esencia íntima del mundo» del arte musical. En relación a esta fase del proceso, Georg Feuerstein, reputado experto en hinduismo e historia del yoga, escribió:

> «Desde cierta perspectiva, pueden verse [los diferentes tipos de contemplación cognitiva] incluso como un medio de obtener conocimiento sobre el universo a través de la capacidad de la conciencia humana de identificarse de manera camaleónica con el objeto de contemplación».[21]

Richard Wagner, destacado e influyente compositor en la historia de la música culta occidental, también dejó escritas palabras, refiriéndose a sus propias creaciones, que están muy en sintonía con esta idea:

> «Entonces se deleitará [el oyente, poseído por el estado emocional de devoción que despierta el inicial "sonido místico" de la orquesta] en el sencillo ejercicio de una hasta ahora desconocida capacidad de contemplación, que lo impregnará con una nueva calidez y que prenderá una luz que le hará comprender cosas en las que nunca antes había soñado».[22]

Podría parecer que el segundo tipo de contemplación, la contemplación no cognitiva, por ser un estadio del proceso en el que se han obstruido por completo los procesos mentales y que ya no necesita de un objeto en el que centrarse, no pueda corresponderse con el hecho musical. No obstante, al arte musical le ha sido también reconocida esa misma capacidad de inducir un estado anímico extático. Existe en la India una tradicional e influyente teoría del fenómeno artístico –de relevancia transcultural, no solo aplicable al arte indio– que entiende que el placer estético (*rasa*) que experimentamos frente a la obra, tras verse «teñido» de diferentes colores emocionales transitorios durante el tiempo que esta dure, acaba siempre en la más absoluta paz y quietud mental, en la experiencia del *rasa shanta*. Experimentar ese estado de extraordinaria serenidad tras el disfrute de la obra artística/musical resultaría así algo asimilable al éxtasis que la contemplación no cognitiva facilita. Si anteriormente decíamos que este tipo de contemplación no necesita de un objeto y que el sujeto que contempla se diluye, ocurre también que, de acuerdo con lo que esta perspectiva estética postula, cuando el espectador/oyente queda sumido en ese postrero estado de completa y perfecta serenidad, tanto él mismo como el contenido de la obra artística resultan también trascendidos. Sucede entonces lo mismo que hemos dicho que acontece en un estado de contemplación extática: quien experimenta la obra a un nivel tan profundo logra un ulterior aislamiento (*kaivalya*) respecto a la mente y demás condicionantes de la materia y el establecerse en (lo que es un «devolvernos a») su dimensión existencial más esencial, la pura conciencia. Chantal Maillard, en su referencial texto sobre la historia del concepto de *rasa*, sintetiza esta idea diciendo: «La devolución de la conciencia a sí misma y la plenitud consiguiente es el resultado de esa inmersión en *śānta*».[23] Un buen número de compositores e intérpretes y también de teóricos y aficionados competentes, tanto en la India como en muchos otros contextos culturales, nos han hablado de esa inmensa paz que nos inunda, marcadamente distante respecto a nuestro mundo más próximo y cotidiano, tras disfrutar de una obra musical verdaderamente inspirada.

Llegados a este punto, quizá resulte oportuno recuperar lo que ya dijimos antes en relación a los conceptos indios de *ahata-nada*/*anahata-nada*. Como ya vimos, según esa comprensión cosmogónica de la realidad, la música constituye una práctica o disciplina espiritual (*sadhana*) ya que su objeto es un aspecto de la divinidad, un aspecto tosco en cuanto manifiesto (*ahata-nada*). De acuerdo con esto, una meditación en ese objeto suficientemente profunda y prolongada en el tiempo podría favorecer el experimentar aquel tipo de contemplación extática que permite des-velar y tomar conciencia de la Realidad Última, que es una esencia sónica (*Nada-Brahman*), trascendiendo así, en consecuencia, la dimensión material (*prakriti*) de la existencia. La música, así visto, es una realidad acústica exterior y manifiesta que tiende al silencio, que es, entendido de una manera más perspicaz, un sutil sonido interior.[24]

Así pues, de acuerdo con lo que numerosos músicos y teóricos han sostenido en diferentes épocas y culturas, la experiencia musical, cuando alcanza estos niveles de profundidad e interiorización, nos permite acceder a aspectos de la realidad que trascienden nuestra comprensión ordinaria del mundo y de nosotros mismos. Lo que estas maneras de entender el fenómeno suelen proponer no es un reduccionismo que banalice o subestime la importancia de las diferencias de lenguaje que las distintas culturas musicales presentan entre sí, la comprensión de las cuales resulta crucial para poder asimilar su mensaje. Sino que lo que buscan es, más bien, señalar y examinar un posible punto de encuentro, más allá de esos elementos de lenguaje, al que se puede llegar cuando se logra ahondar en la experiencia.

Acabamos con unas palabras escritas por Ananda K. Coomaraswamy, emblemático especialista en estética oriental del pasado siglo, sobre ese postrero punto de encuentro espiritual que la contemplación musical facilita al ser humano. La escucha plenamente atenta de la obra musical nos lleva al gozo (*ananda*) de lo que él llama «la paz del abismo» (le hemos dado diferentes nombres a lo largo de este escrito), algo que todos, independientemente del lenguaje musical que cada cultura haya desarrollado para favorecerlo, podemos experimentar.

> «[...] la paz del abismo que subyace en todo arte es una y siempre la misma, y la encontraremos tanto en Asia como en Europa».[25]

Notas

1. En este tipo de ideas clásicas –entender que ciertos sonidos y aritméticas musicales pueden actuar como una medicina para el alma- han encontrado inspiración algunas corrientes modernas de musicoterapia.
2. De acuerdo con el pensamiento platónico: Verdad, Belleza y Bondad son tres aspectos de una misma realidad.
3. Platón. *Timeo*, 47d-e. *Diálogos, vol. VI*. Gredos, Madrid, 1992. Como esta cita claramente expresa, el tipo de música que resulta beneficiosa para el alma del ser humano es, tanto para Platón como para el pitagorismo, tan solo aquella que respete y reproduzca las leyes y el orden natural del universo. Según esta manera de entender, ciertas prácticas musicales son juzgadas como corruptas y perjudiciales. Este también es, sin duda, un muy interesante aspecto de estas concepciones filosófico-estéticas que no vamos a poder tratar aquí.
4. Stravinsky, Igor. *Poética musical*. Acantilado, Barcelona, 2013, pág. 125.
5. *Raga Unveiled: India's voice. [2 DVD]*. Guionista y director: Gita Desai, [2009]. DVD 1: *Moods and Emotions/Rasa Bhav*.
6. Schopenhauer, Arthur. *El mundo como voluntad y representación* (vol. I). Trotta, Madrid, 2004, pág. 316.
7. *Ibidem*, pág. 313.
8. *Ibidem*, págs. 317 y 318.
9. Cf. Pombo, Jaime R. *La música clásica de la India*. Kairós, Barcelona, 2015.
10. Este tipo de posicionamiento ético-artístico suele darse con más frecuencia en aquellas tradiciones musicales que han estado históricamente ligadas, en alguna medida y durante más o menos tiempo, a la práctica religiosa.
11. *Pada* 2.46 y *Pada* 2.47. Las citas de la obra de Patañjali están extraídas todas de la reciente versión: Pujol, Óscar. *Yogasūtra*. Kairós, Barcelona, 2016.
12. Aunque aquí hablemos en términos más bien generales y convencionales del proceso respiratorio, hay que tener en cuenta que el alcance semántico del concepto sánscrito *prana* es mucho más amplio. La respiración humana es tan solo una manifestación

externa, activa y evidente a nuestro entender, de lo que, comprendido de una manera más básica y general, es una vasta, sutil y sustentadora fuerza vital inherente a la vida en su conjunto.

13. *Pada* 1.34.
14. *Pada* 2.53.
15. *Pada* 2.55.
16. «Cuando aparta [el meditador] sus sentidos de los objetos de los sentidos, como una tortuga que contrae sus miembros, entonces su mente está estabilizada». *El canto del Señor/Bhagavad-Gītā*, cap. 2.58. Traducción y edición de Fernando Tola, Biblioteca Nueva, Madrid, 2000.
17. *Pada* 2.54.
18. *Pada* 3.1.
19. *Pada* 3.2.
20. *Pada* 3.3.
21. Feuerstein, Georg. *La tradición del yoga*. Herder, Barcelona, 2013, pág. 483.
22. Wagner, Richard. *Richard Wagner's prose works* (vol.3/ The theatre). Kegan Paul, Trench, Trübner & Co., Londres, 1907, pág. 278.
23. Maillard, Chantal, y Pujol, Óscar. *Rasa. El placer estético en la tradición india*. J.J. de Olañeta, Palma de Mallorca, 2006, pág. 94.
24. La cultura tradicional y general de la India –artes incluidas– es propensa a desnudar esencias y, tal y como afirma el experto Lewis Rowell, de acuerdo con esta manera de ver las cosas, «la nada es frecuentemente más valorada que el algo». *Music and musical thought in early India*. Munshiram Manoharlal, Nueva Delhi, 1998, pág. 38.
25. Coomaraswamy, Ananda K. *La danza de Śiva*. Siruela, Madrid, 2006, pág. 110.

Índice onomástico